CUNEI

F●RM

铸刻文化

CUNEI**FORM** 铸刻文库

希腊别传

陈嘉映 著

GUANGXI NORMAL UNIVERSITY PRESS
广西师范大学出版社
·桂林·

希腊别传

XILA BIEZHUAN

责任编辑：郑伟

特约编辑：胡晓镜　陈凌云

封面设计：彭振威

内文制作：Titivillus

图书在版编目(CIP)数据

希腊别传 / 陈嘉映著. —— 桂林：广西师范大学出
版社, 2025. 1（2025.5重印）. —— (铸刻文库). —— ISBN
978-7-5598-7501-3

Ⅰ. K545.0

中国国家版本馆CIP数据核字第2024AW9286号

广西师范大学出版社出版发行

　广西桂林市五里店路9号　邮政编码：541004

　网址：www.bbtpress.com

出版人：黄轩庄

全国新华书店经销

发行热线：010-64284815

山东临沂新华印刷物流集团有限责任公司印刷

　山东临沂高新技术产业开发区工业北路东段　邮政编码：276017

开本：787mm×985mm　1/32

印张：7.875　字数：110千字　插页：4

2025年1月第1版　2025年5月第3次印刷

审图号：GS（2024）4575号

定价：52.00元

如发现印装质量问题，影响阅读，请与出版社发行部门联系调换。

自 序

　　希腊一处一处遗迹，给游客留下最深的印象的，多半是恢弘的露天剧场。戏剧占据着希腊生活的中心。不仅在于剧场里的演出集教化与娱乐为一体，集神话、历史、诗、哲理、政治、人伦为一体，而且也在于，希腊的政治、军事、社会生活，同样充满戏剧性。希腊历史格外跌宕多姿，其心智创造更是洋洋大观。

　　我们愿意多知道一点儿希腊。古希腊对后世的影响绵延不绝，直到今天。我们在课堂上学习科学，在技术中应用科学，希腊正是科学的主要发源地。化学元素的名称大一半出自希腊语词根。其他学科也差不多。甚至"科学"这个词，也是从 episteme 这个希腊词辗转而来。政治、经济、公民、民主这些语汇同样都来自希腊语。当然不只是些语词，更是凝结在这些语词里的观念。我们今天习以为常的很多观念都可以追溯到希腊源头，而源头总是格外诱人一探究竟。

斗换星移，我们的社会建制、生活样貌、人生理念经历了剧烈的改变。论技术之发达，物质条件之改善，今人颇可自傲，但论活力充沛、心智强健，希腊仍让人怦怦然心动。

海量的信息、芜杂的观念，我们的大脑穷于应付。何不回望一眼希腊？看看碧蓝的天与海，率真的行与言，我们的眼界和性情或许也会清明几许。古希腊离开我们年代久远，但我们理解希腊往往易于理解基督教世界。希腊人是"此世"的，像我们一样。当然，在好多方面，希腊人跟我们形成鲜明对照，因其鲜明，更有助于我们认识自己。

写这本小书，只因我爱希腊，深爱，就愿与人分享。我不是希腊专家，岂敢正襟危坐开讲，想着题其名为"漫谈古希腊"——漫话者，有心得处多讲几句，没有格外心得，或缄口，或一笔带过。出版方建议采用"希腊别传"。也好，总之不是一部面面俱到结构平衡的论著。

感谢铸刻文化出版这本小书，陈凌云、晓镜审读了原稿，仔细订正了史实，改善了一些表述。

2024.10.2

目 录

古希腊历史地图

爱琴海诸国和腓尼基各城邦古代文明

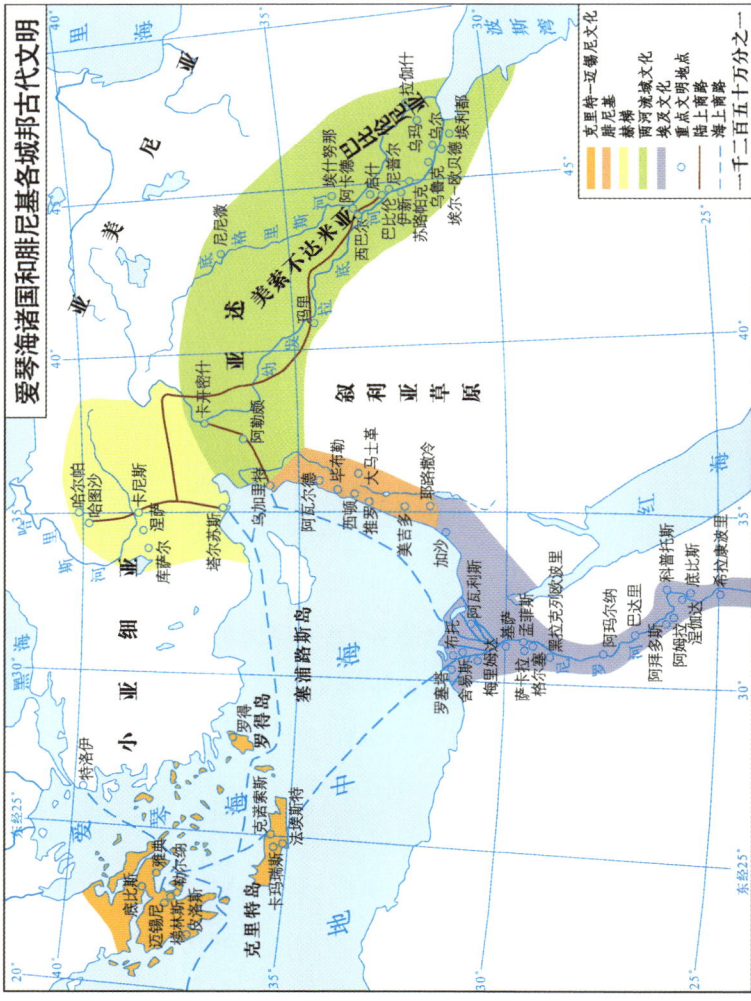

图例：
克里特—迈锡尼文化
赫梯
两河流域文化
埃及文化
重点文明地点
海上商路
一千二百五十万分之一

古代希腊城邦
（公元前8—前6世纪）

图例

- 爱奥尼亚人
- 多利亚人
- 北多立斯人
- 阿卡地亚人
- ⊙ 著名城邦
- 其他城邦

七百万分之一

黑 海

色 雷 斯

拜占庭 ⊙

马尔马拉海

小 亚 细 亚

阿比多斯 ⊙

特洛伊（伊利昂）

斯密尔那 ⊙

以弗所 ⊙

米利都

萨索斯岛

萨摩斯

塞萨洛尼基
（萨洛尼卡）⊙

马 其 顿

奥林匹斯山▲

奥林索斯

利姆诺斯岛

莱斯沃斯岛

米提利尼

爱 琴 亚

希俄斯岛

安德罗斯岛

提洛岛

萨摩斯岛

帕罗斯岛

卡尔帕索斯岛

罗得岛

伊塔利翁 ⊙

阿克罗尼亚

法尔萨鲁

拉里萨

底比斯

埃维亚

卡尔基斯

基

克

拉

泽

斯

群

岛

爱

琴

海

佛基斯

特尔斐 ⊙

梅加腊

阿提卡

雅典 ⊙

伊利斯

奥林匹亚 ⊙

科林斯

迈锡尼

阿尔戈斯

埃吉纳

萨罗尼卡半岛

斯巴达

伯罗奔尼撒半岛

皮洛斯

克诺索斯

克里特岛

伊拉克利翁

法埃斯特

中 克 里 特 海

地

中

海

爱

奥

尼

亚

海

克基拉岛

波洛尼亚 ⊙

莱夫卡斯岛

克法利尼亚岛

扎金索斯岛

伊 庇 鲁 斯

40°

20°

24°

40°

40°

36°

36°

32°

32°

28°

东经22.4°

波斯帝国

（公元前5世纪前后）

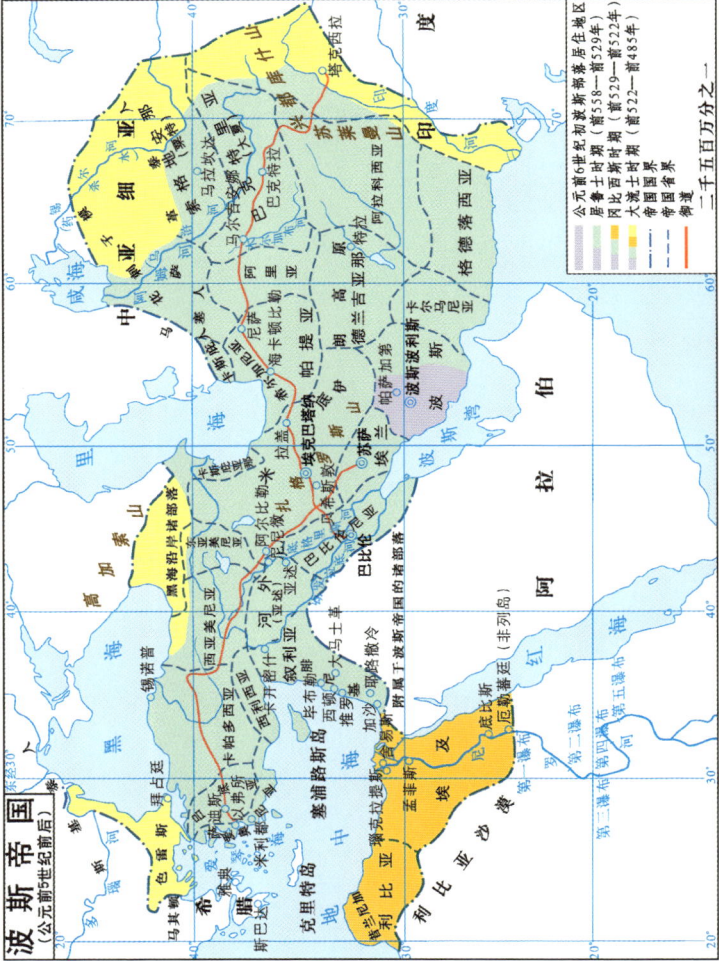

公元前6世纪初波斯部落居住地区
居鲁士时期（前558—前529年）
冈比西斯时期（前529—前522年）
大流士时期（前522—前485年）
国界
大流士帝国界
帝国省界
御道
二千五百万分之一

希波战争

（公元前499—前449年）

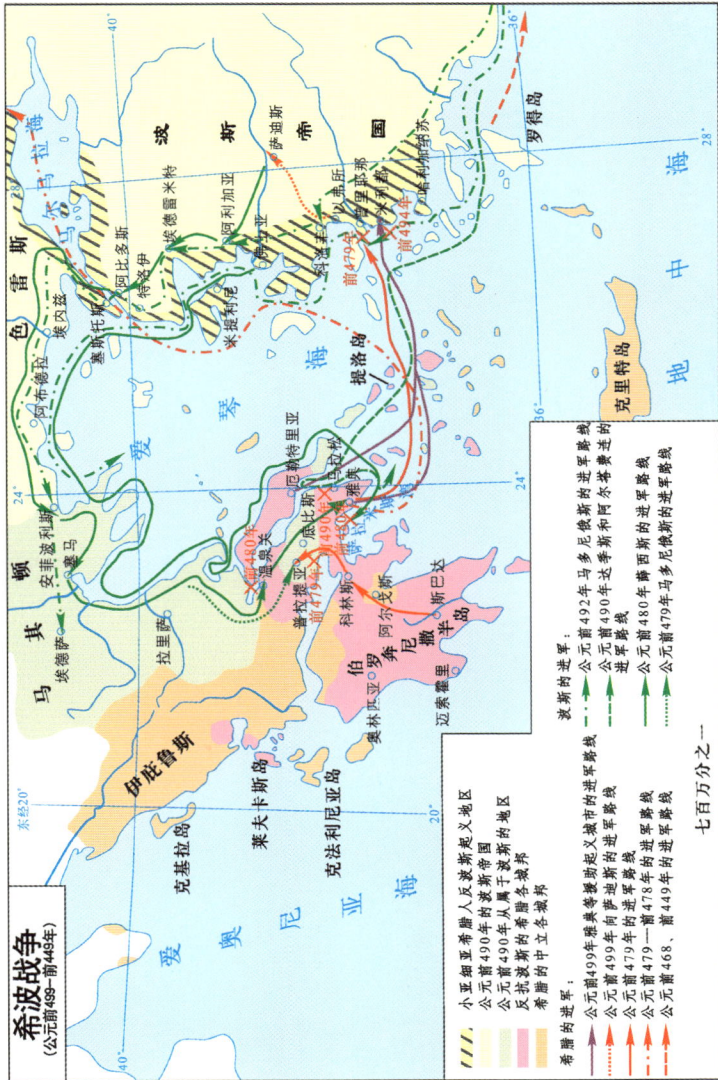

波斯 帝国

色雷斯　马其顿　萨迪斯　波斯

阿布德拉　埃德萨　塞萨洛尼卡　拉里萨　萨马　斯基罗斯

爱琴海　阿比多斯　阿索斯　特尔美　米提利尼　以弗所　阿利加亚　萨摩斯

提洛岛

温泉关　普拉提亚　德尔斐　马拉松

伯罗奔尼撒　科林斯　阿尔戈斯　斯巴达　奥林匹亚　美塞尼亚

奥尼亚海　克基拉岛　莱夫卡斯岛　克法利尼亚岛

地中海　罗得岛　克里特岛

希腊的进军：

‖‖‖ 小亚细亚希腊人反波斯帝国

公元前490年从属于波斯的地区

反抗波斯的希腊各城邦

希腊保持中立的各城邦

公元前499年殖民城邦起义城市的进军路线

公元前490年向萨地斯的进军路线

公元前479年的进军路线

公元前479—前478年的进军路线

公元前468、前449年的进军路线

波斯的进军：

公元前492年马多尼斯的进军路线

公元前490年达蒂斯和阿尔塔费尼斯的进军路线

公元前480年薛西斯的进军路线

公元前479年马多尼斯和尼俄斯的进军路线

七百万分之一

雅典势力的扩张

（公元前5世纪）

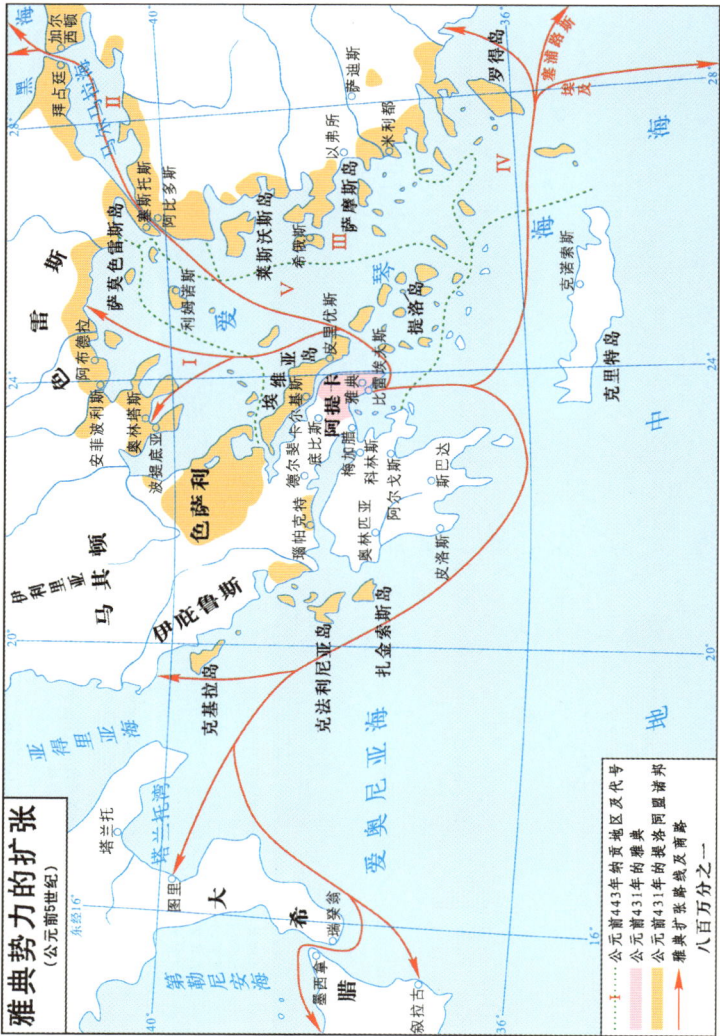

图例

- Ⅰ：公元前443年纳贡地区及代号
- 公元前431年的雅典
- 公元前431年的提洛同盟诸邦
- 雅典扩张略线及其南路

八百万分之一

伯罗奔尼撒战争
(公元前431—前404年)

图例:
- 雅典和提洛同盟诸邦
- 雅典臣属和中立诸邦
- 斯巴达及其盟邦
- 希腊城邦的中立诸邦
- 主要城邦
- 斯巴达及其盟军的进军路线
- 雅典和提洛同盟诸邦的进军路线

八百万分之一

波斯帝国

黑海
爱琴海
地中海
克里特岛

马其顿
色雷斯
伊庇鲁斯
希腊
西西里
大希腊

马其顿里海
埃庞丹努
亚得里亚海
希林西
塔兰托
克罗托内
洛克里
墨西那
卡塔尼亚
利帕里岛
叙拉古 X前415—前413年
卡马里纳
杰拉
库迈
那不勒斯

斯法克特利亚岛
皮洛斯
基西拉岛
科林斯
阿尔哥斯
奥林匹亚
埃利斯
美塞尼亚
斯巴达
拉哥尼亚

扎金索斯岛
克法利尼亚岛
莱夫卡斯岛
克基拉岛

安菲波利斯
阿布德拉
塞萨利
曼丁尼亚
迈加拉
雅典
萨拉米斯
普拉提亚
底比斯
卡尔基斯
埃维亚岛

前422年 X
前404年
前405年
羊河战役
阿比多斯
比扎尔
埃诺斯
达达尼尔海峡

萨第斯
米利都
海角
前405年 X
前406年 X
城角
萨摩斯
莱斯沃斯岛
米提里尼
安德罗斯
提洛岛

罗得岛
科斯岛

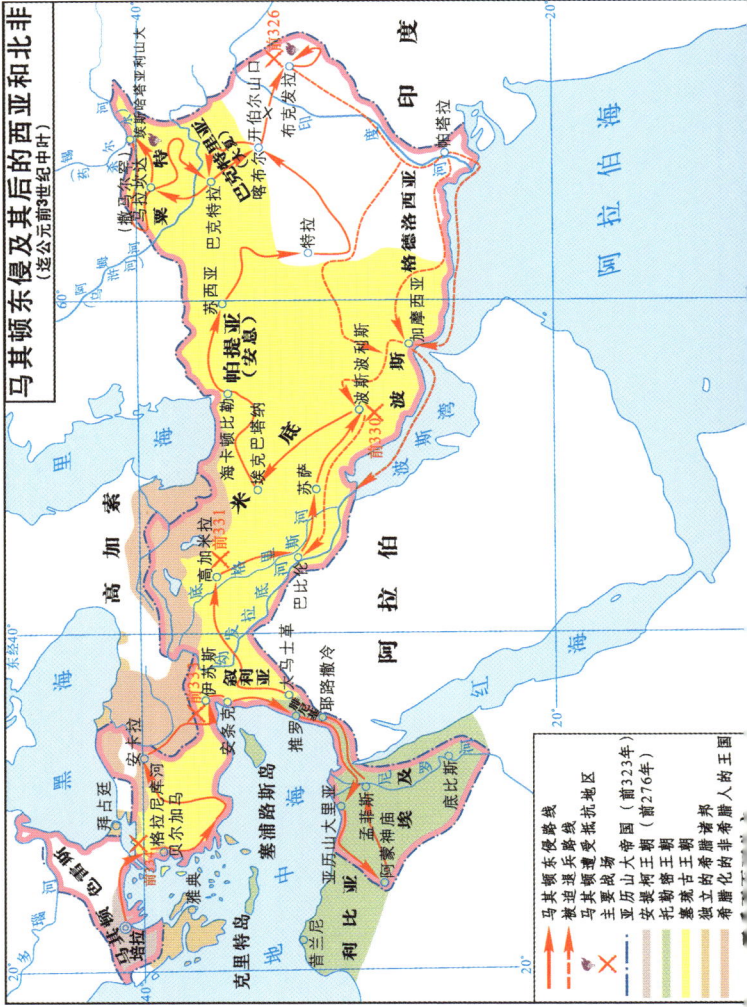

马其顿东侵及其后的西亚和北非
（迄公元前3世纪中叶）

图例：
马其顿东侵路线
崛起进顿受压抗地区
马其顿速受战场
亚历山大帝国（前323年）
安提柯王朝
塞琉古王朝
托勒密王朝（前276年）
独立的希腊诸邦
希腊化的非希腊人的诸王国

自由之神说，要有光！

于是像旭日升起在海上，

雅典出现了！在她四周，

像曙光下的一个个山头，

诞生了多少光荣的国家；

但都已化为尘土，被遗忘了？

　　　　——雪莱:《希腊》（杨熙龄译文）

第一章　迈锡尼时代

大约 4000 年前，一批说印欧语的人，阿该亚人，从北方侵入希腊半岛，驱逐当地的土著佩拉斯吉人，或与他们混合。阿该亚人中的一支继续南下伯罗奔尼撒半岛，后来建立了迈锡尼王朝。

希腊东面是爱琴海，爱琴海东面是今土耳其、叙利亚、伊拉克所在的西亚，是最早发展出农业文明的地区。早在 7000 年前，在美索不达米亚*地区，即幼发拉底河和底格里斯河之间的中下游流域，定居者就建造起水利灌溉系统，发展了农业、畜牧业，发明了纺织、车轮和冶金，他们制作陶器、建筑神庙、建造城市，史称苏美尔文明。6000 年前，幼发拉底河畔

---

* 希腊语 Μεσοποταμία，意为 "两河之间的土地"，其主要部分在现今的伊拉克。

的乌鲁克就已经有 5 万—10 万居民,据测算,周边 10 平方公里区域里人口可能高达 50 万。约 5000 年前,乌鲁克地区由一位伟大的君王吉尔伽美什统治,他的事迹通过西亚著名史诗《吉尔伽美什》流传下来。史诗内容丰富,包括著名的大洪水传说——《旧约》里的洪水故事和希腊神话里丢卡利翁的洪水故事显然发端于此。美索不达米亚地区少雨,灌溉田土大半靠幼发拉底河和底格里斯河的洪水泛滥,这有点儿像埃及农业依赖于尼罗河的泛滥,只不过这两条大河发洪水的时间较难预料,当地居民一定都对洪水的毁灭力量印象深刻。苏美尔文明之后,在西亚的广袤土地上,先后兴起过大大小小许多王国、帝国,赫赫有名的如古巴比伦王国、赫梯帝国、亚述帝国。它们互相攻战,此兴彼衰,各王朝也时不时为争夺王位而起内乱。另一方面,这些王朝创造了早期文明的诸多辉煌成就,例如用楔形文字刻在巨石柱上的古巴比伦《汉谟拉比法典》,这部距今约 3800 年的成文法典涉及婚姻、财产继承和转让、诉讼规则等数百项法律。

希腊南面,地中海对岸,是与西亚同样古老的文明,埃及。约 6000 年前,那里已经建立了上下埃及两个王国。后来，上下埃及统一，由神的化身法老统治。为这些法老修建的陵墓即是金字塔，最古老的金字塔可以追溯到将近 5000 年前。埃及文明生息在尼罗河两岸，东面西面都被大沙漠隔离，因此，与西亚诸王国相比，埃及王国较少受到外部的侵扰，王朝的承续脉络比较清楚。古埃及人相当详细地记录了自己的历史，这得益于他们拥有发达的文字。他们在数学、历法方面的成就也让人惊叹。早在约 6000 年前，埃及人就把一年确定为 365 天。他们采用十进制，把圆周率的值算到 3.1605，比古巴比伦确定圆周率为 3 要精确得多。他们掌握了分数运算和二元一次方程解法，并且把这些数学方法广泛应用到日常生活和宗教事务之中，计算土地面积、仓库容积，确定地税和劳动者的工资。

埃及和希腊之间有一个大岛，克里特岛，那里在 5000 年前已进入青铜时代。19 世纪末，因发掘特洛伊遗址闻名的德国商人海因里希·施里曼在克里特岛上发现了克诺索斯宫殿的遗址，但他未能从当时统治克里特岛的土耳其人手里买下这块土地，无法进一步挖掘。这项工作随后由英国考古学家阿瑟·埃文斯完成。埃文斯把克里特的古文明称作"米诺斯文明"。"米诺斯"这个名字来自一则希腊神话，这则神话说，宙斯在克里特岛长大，他诱拐腓尼基国王的女儿欧罗巴，生下米诺斯，成为克里特的国王。米诺斯娶太阳神的女儿帕西法厄为妻，生下众多子女。后来，海神波塞冬因米诺斯没有按约定用公牛向他献礼而惩罚他，诱使其妻与一头公牛交媾，生下牛首人身的米诺陶洛斯*。米诺斯请来巧匠代达罗斯建造了一所迷宫，把怪物米诺陶洛斯囚困在里面。米诺斯的一个儿子在希腊南部的阿提卡被人杀死，他于是侵入阿提卡，阿提卡人战败，被迫每九年向米诺斯进贡七个少年和七个少女，供米诺陶洛斯食用。第三次进献时，阿提卡英雄忒修斯混入进献者之列来到克里特，与米诺斯的公主阿里阿德涅相爱，借助公主给他的一卷麻线闯入迷宫杀死米诺陶洛斯并安全返回。忒修斯回到阿提卡后建立了雅典城。

古代克里特富足而繁荣。米诺斯王宫有上千间房屋，有的高达五层，并安装了室内排水系统。考古

---

* 希腊语 Μινώταυρος，意为"米诺斯的牛"。

学家从王宫的贮藏区挖出了排在一起的几百个装有橄榄油和葡萄酒的大瓮。流传下来的壁画上，青年男女在尽兴玩耍。一位衣着华丽的青年女子，被后人题为"巴黎女郎"。和平大概是克里特的常态，那里的城市不设防，连孤立的农舍也不建围墙，历史学家猜测，它拥有强大的海军保障其海疆不受侵扰。4000年前，在早王宫时代，那里出现了象形文字，到后王宫时代，出现了线形文字 A 和线形文字 B。20 世纪50 年代，古文字专家破译了线形文字 B，线形文字A 至今尚未破译。

与美索不达米亚、埃及、克里特相比，迈锡尼文明是个后生。这个时期的迈锡尼由一个中心王国和周边很多小王国组成。大小国王住在用巨石垒砌的堡垒里，死后被埋在竖井墓中，随之下葬的还有大量的金器、银器、青铜武器、青铜盔甲、皮质盾牌。种种迹象表明，迈锡尼是个好战的社会，其严酷的形象与克里特人的轻松自在形成鲜明的对照。考古发掘出来的这些物品，配合以墓碑上的一些图案，勾画出这样一个迈锡尼武士：他乘立在马拉的战车上，整套的盔甲从头到脚把他护得严严实实，引弓搭箭射向敌人，接着驱车向前，冲入成群的敌人之中，用青铜长剑砍杀他们。

尚武的迈锡尼王朝势力渐盛，在海外许多地方建立了殖民地。公元前 15 世纪末或前 14 世纪初，迈锡尼人入侵克里特这个大岛，毁掉了那里已经断续发展了 1500 年的高度文明。大约与此同时或稍后，迈锡尼人也在向东北黑海方向扩张。依荷马史诗，在迈锡尼王阿伽门农的率领下，希腊人渡过爱琴海，发动了特洛伊战争，摧毁了特洛伊城。

然而，此后不久，在传说中的特洛伊战争之后，迈锡尼文明开始衰落。史家把这个时期称作古希腊的黑暗时代（Greek Dark Age，又称荷马时代）。几个世纪里，再也见不到迈锡尼时代那样的规划严整的堡垒和王庭，陪葬金银珠宝的墓室。本来，迈锡尼人从克里特人那里学到了线形文字 B 并加以改造，用来记录自己的语言，黑暗时代里却不再有任何书写的痕迹。古典时代 * 的希腊人认为，另一支希腊语族多立斯人从巴尔干地区南下涌入希腊本部，毁掉了迈锡尼

---

* 公元前 5 世纪—前 4 世纪晚期，即从希波战争开始，到亚历山大大帝东征为止。

文明。较早的史家沿袭了这种看法，但较近的研究对是否曾有多立斯人南侵抱怀疑态度，或主张迈锡尼在多立斯人南下以前已经衰败，导致衰败的主要原因是内乱而非外敌入侵。

在更广阔的视野上，迈锡尼文明的盛衰是青铜文明整体盛衰的一部分，动乱也许是从西亚开始，蔓延到希腊这边。从西亚到地中海东部，公元前1500年后的几百年是青铜时代的鼎盛期：克里特岛上经历了璀璨的米诺斯文明；埃及处于新王国法老权力的巅峰，向东北扩张，一时远至两河流域；赫梯帝国控制着今天的土耳其和部分叙利亚；亚述帝国和巴比伦王国占据今天的伊拉克；伊朗西南部有埃兰人兴起；希腊本土迎来迈锡尼王朝。大约公元前1200—前1150年这段时间里，王国这类大型政治体陆续崩解，军队散为流寇，四处攻杀劫掠，失去家园的人成群结队向远方迁徙，引发新的冲突。普遍的战乱损害了正常生产，终止了贸易，繁荣的景象成为明日黄花。青铜时代在这一片衰败中结束。

迈锡尼人没有给我们留下书写下来的历史，现今的希腊古史是历史学家根据考古材料、传说、神话整理出来的，很多细节尚争论不定。好在我们普通人本来不是那么在意古昔时代的历史，说到远古的希腊，更多想到的是神话和史诗。实际上，对古典时代的希腊人来说也是一样，口口相传的不是今人所称的历史，而是奥林波斯诸神的故事与荷马史诗。用乔治·斯坦纳简洁的话说，"神话比历史更令人难忘"[*]。

---

[*]　乔治·斯坦纳:《语言与沉默》，李小均译，上海人民出版社，2013 年，页 198。

第二章　希腊神话

　　各民族的神话中，希腊神话是最为系统的。希腊神话有多民族的来源，一开始，这些神话散乱不整，经过民间诗人一代代的歌咏，逐渐变得更有条理。后世对希腊神话的了解，多半来自流传下来的荷马史诗、赫西俄德的《神谱》、希腊悲剧。柏拉图等哲学家也做出了贡献。

　　希腊神话里有很多我们耳熟能详的故事。我们刚刚讲过牛头人身怪物米诺陶洛斯和雅典英雄忒修斯的故事，读者多半还听到过潘多拉，她打开魔盒，放出了各种灾难，魔盒里只剩下希望。也听到过纳喀索斯，那位自恋的美少年，爱上自己的倒影，憔悴而亡。这些神话故事有的凄婉迷人，有的严峻冷酷，很多故事寓意深刻，一代又一代人从中受到启发。这里只讲几个。

像其他民族的神话一样，希腊神话里最重要的一节是创世神话。依赫西俄德，最初的神有三个：卡俄斯（Chaos）、盖亚、爱若斯（爱欲之神）。万事万物——从宇宙到我们的思想观念——莫不起源于chaos，混沌，这一点反映在各种神话系统中。中国的远古神话没有系统流传下来，但在《庄子》中可以读到"中央之帝为浑沌"。

混沌中出现的第一位神是大地女神盖亚。盖亚孕育了天神乌拉诺斯，成为自己的配偶。他们孕育了众多神祇，其中包括十二个泰坦神，最小的一个是克洛诺斯，时间之神。然而，最初天地不分，紧贴在一起，这些子女都被挤压在盖亚腹中。克洛诺斯用盖亚给他的一把尖刀割下父亲的生殖器，从此，天与地分离，巨人泰坦们得以出世。克洛诺斯的父母乌拉诺斯和盖亚曾预言，克洛诺斯自己也将被他的子女推翻，于是，克洛诺斯把自己的子女吞到肚子里。他的妻子瑞亚施计，用一块巨石替换了克洛诺斯的小儿子宙斯，克洛诺斯吞下了巨石而宙斯得以逃脱。日后，宙斯反叛，逼迫父亲吐出他此前吞下的儿女。宙斯最终还是杀掉了克洛诺斯，建立了万物的秩序，kosmos。此后，宙斯率领儿女神祇打败了起而反叛的叔叔一辈泰坦巨神，从此高居奥林波斯山上，统治这个世界。

这个创世神话的每一个细节，后世都有颇富意趣的各式解读。时间之神克洛诺斯吞噬掉他生出来的一切——万物都从时间中冒出，又被时间吞噬，万物方生方死，没有什么东西持存。kosmos 则是秩序，也是我们所讲的宇宙、世界——希腊人所讲的世界就是具有了秩序的万物。每一物有它自己的位置和等级，从而有了稳定的存在——在希腊人看来，只有分清了位置，分出等级，互相之间有鲜明的界线，才谈得上确切的存在。

再讲一个普罗米修斯兄弟的故事。诸神派遣泰坦神普罗米修斯和他的弟弟厄庇米修斯把生存的能力分配给各种生物。还没轮到人类，处事不敏的厄庇米修斯已经把所有能力都分发光了，人类赤条条的，怎么生存下去？于是普罗米修斯教给了人类驭火的秘密。从天界盗火之举让宙斯勃然大怒，用牢固的绳索把触犯天条的普罗米修斯绑在高加索的悬崖上，受尽雨雪风霜烈日炙烤的折磨。宙斯还指派恶鹰去啄食他的肝脏，被啄食的部分夜里重新生长，恶鹰次日再来啄食。普罗米修斯的希腊原名，Prometheus，意思是"预知"，普罗米修斯预知宙斯将被谁推翻，宙斯差遣信使赫耳墨斯前来打探，但普罗米修斯拒绝透露这个消息，宙斯发怒，用雷霆把他打入深渊。

在希腊神祇中，普罗米修斯是个异数。希腊神祇不讲善恶、任意妄为，而普罗米修斯却禀有坚韧不拔的品格。希腊神祇可能是某一人某一族的保护者，但从不关心整体人类的疾苦，唯普罗米修斯是整个人类的恩人。古典时代的诗人已经认识到这一点，埃斯库罗斯写下一套三联剧，《赠火者普罗米修斯》《被缚的普罗米修斯》《被解放的普罗米修斯》，向这位天庭的盗火者致敬。近代以后，更有卢梭、歌德、马克思等诸多大人物推崇普罗米修斯，并赋予他既成秩序反叛者的形象。

像其他希腊神话一样，普罗米修斯盗火的故事也意味深长。今天，人类的技术能力了得，上飞太空下掘石油，而在人类早期发展史上，驭火技艺则厥功至伟。希腊人看到，人类靠技艺生存在大地上，原属无奈，论爪牙之利、筋骨之强，人类没什么优势；人类得以繁荣，靠的是技艺。但他们也担心技术会把人类带出自然划定的界限。在另一则神话里，巧匠代达罗斯——就是建造米诺陶洛斯迷宫的那一位——用蜂蜡和羽毛为自己和儿子伊卡洛斯造了两对翅膀，一同飞上天空。岂料伊卡洛斯不顾父亲告诫，乘着雄心一味高飞，临近太阳之际，蜂蜡熔化，羽毛纷飞，伊卡洛斯从天上坠落。曾经给人类带来解放的技艺若过度发展，会不会反噬人类？

最后再讲一个金苹果的故事。人类英雄珀琉斯和海洋女神忒提斯举行婚礼，邀请众神参加，唯有不和女神厄里斯没有受到邀请。厄里斯怀恨在心，在婚礼上抛下一个金苹果，上面写着"送给最美的女神"。三位最显赫的女神，天后赫拉、雅典的保护神雅典娜、爱与美之神阿芙洛狄忒，为得到金苹果争执不下。于是宙斯让帕里斯来做评判。帕里斯是特洛伊国王的儿子，有预言说他将来会带来特洛伊的毁灭，国王下令杀死这个婴儿，但杀手不忍，把他带到荒野丢弃，被好心的牧人收留，长成一个英俊的牧羊少年。现在他被带到婚礼上，三位女神为赢得金苹果，分别对他开出诱人的条件：赫拉允诺他做一个高高在上的统治者，拥有无上的权力；雅典娜许他以智慧和力量；阿芙洛狄忒则应许，让世上最美丽的女子爱上他并做他的妻子。帕里斯将金苹果判给了阿芙洛狄忒。后来，帕里斯在阿芙洛狄忒的帮助下拐走了斯巴达的王后——美女海伦。

　　诱拐海伦成为特洛伊战争的导火索。于是，我们来到了荷马史诗《伊利亚特》。

第三章 《伊利亚特》里的英雄与神祇

　　《伊利亚特》讲述的是特洛伊战争。特洛伊王子帕里斯出访希腊，诱拐了斯巴达王墨涅拉奥斯的王后海伦。墨涅拉奥斯告到他兄长阿伽门农那里。阿伽门农，希腊的众王之王，召集希腊各邦国组成一支浩浩荡荡的舰队驶向赫勒斯滂海峡（今达达尼尔海峡），在特洛伊城下，战争进行了十年，仍不分胜负。

　　阿伽门农俘获了太阳神阿波罗神殿祭司克律塞斯的女儿克律塞伊丝。克律塞斯苦求阿伽门农归还女儿而不得，遂祭告阿波罗。阿波罗来到战场上空，把神箭射向希腊军队，带来一场瘟疫。难当希腊人的怨怒，阿伽门农不得不归还克律塞伊丝，但同时索要阿喀琉斯分到的女奴布律赛伊斯作为补偿。阿喀琉斯愤而退出战斗。阿喀琉斯是希腊一方的头号英雄，战场上没有了他，特洛伊人大破希腊联军。

帕特罗克洛斯是阿喀琉斯最亲密的战友，在这危急关头，他披挂上阿喀琉斯的盔甲，前往阻挡特洛伊人，但不敌特洛伊王子赫克托耳，被后者杀死。阿喀琉斯悔恨不迭，重上战场，在一场惊心动魄的决斗中杀死了赫克托耳。特洛伊的老国王普里阿摩斯更夜潜入阿喀琉斯大帐，苦苦哀求，一番波折之后，要回了儿子的尸体，在特洛伊城内举行了隆重的葬礼。

史诗从阿喀琉斯与阿伽门农的争吵开始，讲述"阿喀琉斯的愤怒"，最后在赫克托耳的葬礼中结束。除去首卷和末卷，整个故事发生在三天时间里。此前的情节，以及此后阿喀琉斯丧命于帕里斯箭下、希腊人利用木马计攻陷特洛伊城，要么写在另一部史诗《奥德赛》里，要么见于其他希腊作家的作品。

荷马笔下的世界纷繁万状跌宕起伏，而这一切都是用平实的笔调写下的。赫克托耳杀死了帕特罗克洛斯，双方争夺他的尸体，特洛伊勇士希波托奥斯在这场争夺战中丧身，"他自己也倒在脚边的那具尸体（帕特罗克洛斯）上，远离土壤肥厚的拉里萨，未及报答父母的养育之恩"*。敌我尸体枕藉的惨烈战场，年轻生命陨落沙场的伤感，这可怖的沙场远离甜美故乡，那里有对爱子丧生毫不知情的父母，一旦噩耗传来，他们将何等伤心欲绝？所有这些，就这三两句就事论事的陈述。这里有一种所谓希腊式的、古典的见事为文之道。

荷马史诗的主角们出身高贵，相貌堂堂，轩昂大器，勇武善战，足智多谋，是一批天然的领袖，今人很难为他们找到一个合适的称呼，贵族、国王、首领、武士，都不很合适，我们还是沿用"英雄"这个称呼。英雄身上的品质，荷马以 arête 名之：相貌堂堂、武艺高强，这些都是 arête；我们没有哪个词可以总括这些品质，勉强名之为"卓越"。荷马笔下的英雄人物，各个卓尔不群。

英雄的卓越与他们不凡的出身相连。英雄各个有荣耀的出身，多半有神族的血脉。阿伽门农是宙斯的后裔，阿喀琉斯是英雄珀琉斯和女海神忒提斯之子。

---

* 本章所引《伊利亚特》及下章所引《奥德赛》的原文，大致参考罗念生、王焕生的译本，并根据行文需要有所更动，以下不再一一注明。

无论他乡做客还是战场交锋，英雄相遇，先要娓娓道出自己的家世。我们会认为，高强的武艺、智慧、进退之间的自信自如，这些都是慢慢磨练出来的，但在荷马笔下，arête 仿佛是长在英雄身上的。越是天生的、越是自然的东西，就越发卓越，奴隶的技艺才是靠勤学苦练得来的。

高贵的血统让英雄荣耀，但仅有出身当然不够，英雄的品质和所作所为必须配得上他的出身；否则，羞耻就落到他头上。荣耀不会悄悄到来，荣耀总是争来的。英雄随时准备好投入竞争。珀琉斯叮嘱阿喀琉斯："总是成为最优秀的，胜过其他人。"终极的竞争是一对一的决斗。《伊利亚特》讲述的是一场古代战争，所有卓越品质中，有哪一样比勇敢更突出更重要？勇敢最直接地体现在面对面的搏斗厮杀之际，今人会说到在科学和艺术中的勇敢探索，这些都是衍生的意义。

英雄夸耀自己的出身，也夸耀自己的"财富"。荷马在各种场合不厌其烦地描述战利品的花样和数量，又在各种场合不厌其烦地描述授受的礼物。这可不是贪恋财富或摆阔炫富，英雄为战利品和礼物得意洋洋，首先在于它们在为其身份高贵和勇武善战作证。获赠礼物是一种荣耀，赠送礼物也是一种荣耀——英雄的一样主要美德是殷勤待客，临别送客时挑选最贵重的礼物赠与客人。唯有从这个角度我们才能理解史诗的逻辑。阿喀琉斯的愤怒源自阿伽门农要夺去布律赛伊斯，这跟携手相看泪眼的爱情没什么关系，阿伽门农夺去的是彰显其荣耀的战利品。后来，阿伽门农请求他重回战场，为此所允诺的财物数量惊人，阿喀琉斯不为所动，因为他没有得到阿伽门农的一声道歉。

英雄为荣耀而生，为荣耀而死，如希腊学学者韦尔纳·耶格尔所称，英雄对荣耀"有一种永不满足的渴望——渴望被人赞美、称颂。这种渴望本身就是英雄的一种卓越之处"。我们今人可能会觉得荷马笔下的英雄过于炫耀，过于在乎他人的赞扬。今人容易对炫耀起反感，自有今人的道理。不过，炫耀说的是把不怎么值得夸耀的东西拿出来夸耀，英雄拿来夸耀的，则是货真价实的东西，是他出生入死换来的东西。而

* 韦尔纳·耶格尔：《教化：古希腊文化的理想》，陈文庆译，华东师范大学出版社，2021 年，页 13。

且，英雄要听到的是同侪的赞扬，芸芸众生的赞扬并不带来荣耀；唯英雄识英雄，同侪的赞扬不只是对自己的肯定，也是对赞扬者的认可。

真实东西拿出来，我们不说炫耀，我们叫它"展现"。荷马笔下的英雄，一直到古典时代的希腊人，"展现"是他们生活中一个最基本的组成部分。希腊人当然也有他们的功利要讲求，但常常，他们只是要展现他们的才智、能力、活力。今人倾向于区分内在品质和外在表现，这样两分之后，更加推崇内在品质而不是外表。对这种区分荷马英雄肯定十分陌生，他们会很难理解深藏在纯粹内心之中的卓越。荷马笔下的英雄首先是个堂堂男子，体格强健、外貌威武、举止轩昂。卓越展现自身，而不是藏于内心。存在本身就要求展现——奥德修斯有言：没被看见就等于不存在。

荷马的世界里不仅有诸多英雄，还有诸多神明。

我们通过神话、史诗、雕塑、瓶画，都熟知太阳神阿波罗、智慧女神雅典娜、爱与美之神阿芙洛狄忒、众神之神宙斯和天后赫拉、海神波塞冬、冥王哈德斯。神明威能巨大，掌控着雷电风浪，也掌握着凡人的命运。神明永生不死，而凡人无论怎样杰出怎样强大，常被荷马形容为"神一样的"，他们仍像其他凡人一样难逃一死。希腊人说到人，常用"有死者"这个词，由此终有别于永生永乐的神祇。

希腊的神明世界跟其他宗教提供的图景大异其趣。这里没有创造宇宙的最高意志，没有令人景仰或战栗的神圣教条，没有须发苍苍的先知，也没有在地窖里用蟾蜍和狼牙熬煮毒液的女巫。荷马的天界里，神明是人形的，只是比普通人更加威武、更加美丽，他们身上洒着阳光，没有什么诡异的举止，他们宴饮嬉闹，恋爱偷情，尽享凡人垂涎却难得的各种美事。

神明强大、威武、美丽，但他们同时任性妄为，争闹、欺骗、嫉妒、恶作剧，干各种龌龊勾当。爱与美之神阿芙洛狄忒婚外恋，拉战神阿瑞斯上床作乐。她夫君赫淮斯托斯是司工艺之神，其貌不扬，腿脚还有点儿瘸，车钳铣刨可样样精通，暗地里在床头装置了机关，男女两神甫一上床，就被罗网紧紧罩住。赫淮斯托斯唤来诸神评理，诸神蜂拥而来，看到这场景，"常乐的神明不禁纷纷大笑不止"。诸神确有可爱之处，但他们肯定不是道德楷模。宙斯被称作正义之神，但这个"正义"肯定跟我们通常所说的正义相距甚远。希腊人羡慕神明、敬畏神明，不是因为神明有德，而是因为神明长生不死、无忧无虑，而且比自己更强大；希腊人常念叨，神明幸福，而凡人不幸。而且，敬畏归敬畏，并无丝毫顶礼膜拜的意味。狭路相逢，火气升腾，英雄也会与神明直接搏斗，甚至致伤神明——毕竟，英雄身上本来就流动着哪位神明的血脉。

诸神各有偏爱。站在特洛伊人这一边的，有众神之王宙斯、阿波罗；站在阿该亚人这一边的，有海神波塞冬，有宙斯之妻天后赫拉和女儿雅典娜——想必是帕里斯把金苹果判给了阿芙洛狄忒，令这两位女神一直不爽。两军胜胜负负，多与神明的干预脱不了干系。一方得到神明襄助，并不是因为这一方弘扬正义；一位英雄得到神明眷顾照拂，并不是因为他有更为高尚的德性——神明站在哪一边只是出于偏爱，并没有更深的理由。凡人的幸与不幸，说到底，无足轻重。宙斯钟爱赫克托耳、帕特罗克洛斯，钟爱他自己的儿子萨尔佩冬，他们到了却被一一杀死。阿喀琉斯与赫克托耳决战一场，神明们都来观看，时而兴奋，时而惋惜，但谁死谁生，对诸神并无影响，看罢阿喀琉斯杀死赫克托耳，他们自去宴饮作乐，就像我们看戏，一把鼻涕一把泪，看完戏回家该干啥干啥。宙斯一直站在特洛伊一边，但赫拉和雅典娜坚持要毁掉特洛伊，宙斯虽不情愿，最后也放手听任这座城市和它的人民遭受毁灭。

"归根到底，神明的情感是肤浅的"*，与之对照，人类感情一层又一层，互相渗透。赫克托耳战死，特洛伊国王普里阿摩斯伤心欲绝，不顾妻子和人众的劝阻，前往敌营向阿喀琉斯讨要儿子的尸身。就是这个阿喀琉斯，被极度强烈的复仇心理鼓动，践踏了不得凌辱敌手尸体的武士准则，把已经死去的赫克托耳系在战车后面，扬鞭向自己的营盘拖曳，"拖去让狗吞噬"，而现在，尊贵的老国王抱住阿喀琉斯的膝头，像神经错乱的人似的，"亲吻那双杀死了他许多儿子的手"。阿喀琉斯心中翻腾，他仍难克制一阵阵涌上来的怒气，想要杀死这个竟敢只身闯来的不速之客，但面对老国王，这个"性如雄狮般残忍"的武士想到

---

* 理查德·詹金斯：《古典文学》，王晨译，上海文艺出版社，2016年，页10。

自己的父亲也在日渐衰老，空等不再会回到自己身边的儿子，不禁放声大哭。二人共同进餐——这一向是结好的象征——四目相对，赞扬对方的堂堂仪表。阿喀琉斯答应了老者的请求，并允诺在举行葬礼的十一天里停止进攻。他令侍女洗净赫克托耳的尸体，涂上油膏，要偷偷进行，"免得让老人看见了心里悲伤"。卓越并不只是在竞争中取胜，在一位英雄身上，卓越是立体的，这体现在赫克托耳见到妻儿的场面里，也体现在阿喀琉斯见到普里阿摩斯从激愤转变成同情的场面里。

宙斯有言，"大地上所有呼吸行走的生灵中，没有哪一样比人类更悲苦"。这正是阿喀琉斯面对普里阿摩斯之际的感悟。据称，阿喀琉斯的愤怒是《伊利亚特》的主题，但这位英雄的卓越并不在于愤怒狂暴，甚至也不尽于英勇无敌，层层叠叠的人性和悟性造就了阿喀琉斯的卓越。被击倒的特洛伊王子吕卡昂曾向他乞求一条生路，阿喀琉斯回道："自从帕特罗克洛斯死后，没有哪个特洛伊人能从我手里逃脱性命。所以，我的朋友，你也必须死……你难道看不到我是怎样的人，多么高大，多么俊美？我有个高贵的父亲，母亲是个女神。可我也难逃死亡和残酷的命运，会有一个早上，或黄昏，或正午，有人在战斗中夺去我的生命，用一支枪，也许用一支离弦的箭。"后世德尔菲神殿铭刻的箴言"认识你自己"，对希腊人来说，首先是"记住，你不是神明"，首先是认识到人是有限的、有死的。《伊利亚特》是一部关于英雄的史诗，但同时，正如荷马专家加斯帕·格里芬所言，它更是一部关于英雄之死的史诗。凡人终有一死，这是件憾事，但也正因为身为有死者，人才可能拥有复杂而深刻的感情。实际上，一切卓越都单单属于人，永远不死无比强大的神明谈不上勇敢、不屈、慷慨、笃爱、忠诚。亚里士多德一句话把这说完了："天上没有阿喀琉斯。"

第四章　奥德修斯的返乡之旅

　　十年苦战的末尾，希腊人采用了奥德修斯提出的木马计攻陷了特洛伊，毁灭了这座辉煌的城市。这时，阿该亚人这一边，帕特罗克洛斯、阿喀琉斯已经命断沙场，阿喀琉斯的堂兄大埃阿斯在疯狂中自杀，其他一众英雄凯旋故里。墨涅拉奥斯夺回了海伦，回到斯巴达。希腊联军内最受人尊敬的老者涅斯托耳回到皮洛斯故乡，颐养天年。"众王之王"阿伽门农则没那么幸运，回乡后即遭不忠的妻子克吕泰涅斯特拉伙同奸夫谋杀。

　　奥德修斯也不很幸运，他漂泊了十年，经历了各式磨难，才回到故乡伊塔卡。另一部荷马史诗《奥德赛》所述就是奥德修斯返乡的艰辛旅程。《奥德赛》的叙事结构颇为复杂，从奥林波斯众神讨论奥德修斯的命运开始，中间插入倒叙等等。我且抛开这个结构，顺时序加以简述。

毁灭了特洛伊以后，奥德修斯带领他的战友踏上归途，攻杀劫掠各地的土著，也遭遇围攻杀戮。不久，他们来到一个不曾被人类脚步惊动过的海岛，这里居住着独眼巨人波吕斐摩斯。奥德修斯挑选了12名最勇敢的同伴前往探险，进到巨人的巨大洞穴里。谁知巨人什么道理都不跟你讲，上手就拎起两个活人，像狮子一样把他们撕碎嚼噬。足智多谋的奥德修斯骗劝巨人喝醉，他和同伴用顶端烧红的橄榄树干刺瞎了独眼巨人唯一的一只眼睛，得以逃脱。巨人是海神波塞冬的儿子，现在被奥德修斯伤害，波塞冬遂发动狂风巨浪，使奥德修斯的返乡之旅变得艰难而漫长。

在埃埃亚岛，奥德修斯派遣他的副手欧律洛科斯先行。女巫喀耳刻在房宅里织布，从那里飘出她美妙的歌声。她仪态优雅，把欧律洛科斯一行迎入房宅，献上蜜酒。这酒里掺入了她的神力，喝了这蜜酒，来客完全忘记了乡愁。女巫遂用法杖把他们变成猪猡，赶入猪圈。奥德修斯随后到来，赫耳墨斯拦住他，教给他怎样抵御女巫的魔法。遵从赫耳墨斯的指示，奥德修斯制服了女巫，同伴们也回归人形。奥德修斯在岛上耽留了一年，与女巫缠绵难舍，但同伴最终说服他动身。

依女巫的指点，奥德修斯先到冥府访问，因为只有冥府中的盲先知忒瑞西阿斯能告诉他返乡的道路。在那里，他见到诸多亡灵在冥界受到各种苦难的折磨，其中有我们熟知的西绪福斯，一次次把巨大的石头推到山顶，又一次次眼睁睁看着巨石滚落下来。奥德修斯见到众多英雄的亡魂簇拥阿喀琉斯前来，在这个常常被引用的段落里，奥德修斯说道："阿喀琉斯啊，没有人比你更加荣耀，你生前是众人瞩目的伟大英雄，死后又成为冥府中众多灵魂的首领。"阿喀琉斯却这样回答："我在这样阴暗的地方苦不堪言，即使是作所有亡魂的首领，我也不愿，我倒愿意活在阳世，哪怕身为农奴，为家境贫寒的雇主辛苦耕田。"我们还记得，阿喀琉斯早知道他将殒身沙场，但他仍然选择出征特洛伊。现在他的想法变了？此一时彼一时，人的感念当然时时不同，但我想，如果再生，阿喀琉斯还会宁死为英雄而非活为农奴。荷马的如椽巨笔创造了希腊的英雄理想，然而，荷马岂能不知，一切理想都有它虚幻的一面。英雄视死如归，但他并不爱死亡，他爱活着。荷马笔下的英雄远比我们卓越，但他们并不古怪，并不用古怪的方式感受、思考、行动。

奥德修斯返回埃埃亚岛，向喀耳刻细细讲述了冥府之旅，然后重启归程。他和伙伴们第二天就遇到塞壬。这些半人半鸟的女海妖有迷人的歌声，一批又一批航海人被这歌声吸引，流连忘返，命丧塞壬的海峡。依女巫喀耳刻的事先指点，奥德修斯的同伴们用蜡封住耳朵，但奥德修斯没这样做，他让同伴把他绑在桅杆上，他要亲耳听闻这魔魅的歌声。塞壬用迷人的声音唱道："我们知道在辽阔的特洛伊，阿尔戈斯人和特洛伊人按神明的意愿忍受的种种苦难／我们知悉丰饶大地上的一切事端。"奥德修斯渴望听到塞壬讲述她们知晓的一切，苦求同伴们为他松绑，同伴们却依他们出发前的约定把他绑得更紧。

驶出塞壬海峡之后，奥德修斯一行途经太阳神的光辉岛屿。他们此前已经得到警示，这里放牧的是太阳神的牛羊，不可妄动。可是，他们一直等不到顺风，在岛上滞留月余，饥饿难当，于是，同伴们不听奥德修斯劝阻，捕杀了几头宽额的壮牛。当他们重新启航之后，遭到阿波罗的报复，在可怖的暴风雨中，所有的同伴都死于非命，只有不曾触犯太阳神的奥德修斯逃过惩罚。

奥德修斯孤身一人漂流到一个孤岛，岛上居住着女神卡吕普索。这是一方神秘仙岛，远离世上任何地方，连诸神使者赫耳墨斯也抱怨旅途辛苦。女神对奥德修斯情意深浓，出则奇花异草，入则珍馐佳酿，只求这位英雄留下来，为此许他以长生不老。奥德修斯缱绻难分，在这温柔乡耽留了整整七年，但他仍不能忘怀故乡伊塔卡，时常坐在海边，"眼望苍茫喧豗的大海，泪流不止"。人生充满苦难和危险，人难免向往永恒的和平甜蜜，但我们真能忍受那日复一日的永恒幸福吗？上不能向诸神献祭，下不能为人众传扬，这样的永生有何可欲？只有在有死的凡界才有美德、功勋、荣耀。

雅典娜一直是奥德修斯的保护神，她说服父亲宙斯允许她指派赫耳墨斯向卡吕普索传话放行奥德修斯。女神放奥德修斯还乡，但与其说服从宙斯的命令，不如说出自对奥德修斯的深爱，她对奥德修斯说道："不幸的人啊，不要再这样在这里哭泣，再这样损伤生命，我现在就放你成行。"在所有女神中，也许唯有卡吕普索会让人心动，因为唯有她怀有人类般的柔情，以及伴随着柔情的软弱——当时她把奥德修斯留在岛上，靠的也不是向凡人发号施令，而是温存与恳求。

奥德修斯离开了卡吕普索之岛，不久就遭遇波塞冬掀起的巨浪，把他抛入海底。幸得神女琉科特埃出手救援，用轻柔的海波把他带到斯克里埃岛的海岸，这里是费埃克斯人的国土。公主瑙西卡娅发现了这个赤身裸体的异乡人，为他披上衣裳，把他带到豪华的王庭。奥德修斯受到国王阿尔基诺奥斯和王后阿瑞塔热情款待。在宴席上，他讲述了自己漂洋渡海的十年。

在伊塔卡，人们认为奥德修斯不会归来了，一群次等贵族觊觎他的地位和财富，群集在他的宫室，日日宴会，傲慢无礼地享用奥德修斯的库藏，无休止地向他的妻子珀涅罗珀求婚，还密谋杀害他的儿子忒勒玛科斯。珀涅罗珀仍然盼望夫君归来，借口先要织成寿衣才可以接受求婚，但她白天织布，夜里拆毁，就这样日复一日拖延。

二十年征战、漂泊，奥德修斯终于回到家乡。他扮装成一个外乡乞丐，他的老狗阿尔戈斯一眼就认出了旧主人，然后死去，但珀涅罗珀却没有认出来。接下来是求婚人比武的场景：在射箭比赛中胜出的求婚者将迎娶珀涅罗珀，成为国王。奥德修斯混迹在求婚人中，比武过程中亮明身份，大展神勇，杀死了所有求婚者，与珀涅罗珀重登婚床，恢复了自己的王位。

《奥德赛》最明显的主题是还乡。奥德修斯一行离开特洛伊不久，就来到一个海岛，岛上生长着一种奇花，洛托斯花，他的一些同伴"吃了这种甜美的洛托斯花，就不想归返"；女巫喀耳刻的迷魂酒同样会让返乡客忘却乡愁——然后变成猪猡。奥德修斯没有吃洛托斯花，也没有喝迷魂酒；即使女神卡吕普索许他以长生不老，他也念念不忘回返故乡伊塔卡。后来，奥德修斯在费埃克斯人的宫廷里曾这样向王后阿瑞塔求助："让我得返故土，哪怕会为此丧失性命。"

奥德修斯还乡的渴求也曾在喀耳刻和卡吕普索

身边消磨。而向陌生探求的冲动更可能葬送他还乡的志意。独眼巨人并没有跳出来阻拦奥德修斯一众的去路，是他自己要上岛探险，惹出那一场九死一生的搏斗。他充满求认知的渴望，尽管眼见塞壬脚下的成堆骨骸，仍不愿失去"知悉大地上一切事端"的机会，仿佛忘记了"诸神给大地上的有死者为每件事安排尺度"，然而，对于有死者，全知就像永生一样虚妄。

现在，奥德修斯回到了自己的家宅，与珀涅罗珀相拥而卧。然而，在珀涅罗珀的催问之下，他吐露了冥府中的盲先知忒瑞西阿斯的一则预言，他还将"前往无数的人间居所漫游"，直到他找到指定的从未见过外人来访的部落，向波塞冬敬献最后的祭礼，"夫人，我们还没有达到苦难的终点"。

第五章　史诗与史实

依照近代学者的研究，黑暗时代里，希腊地区流传长短不一的众多英雄史诗，希腊神话的故事体系在荷马之前已相当完善。它们都是口传的诗歌，其中有些是《伊利亚特》和《奥德赛》的前身。两部史诗大致定型于公元前 8 世纪后期，那时候或稍晚，落成文字。历史上是否确有一位名叫"荷马"的诗人创编了这两部史诗？史诗的结构很完整，似乎意味着确有主创，而非众多叙事诗歌杂糅而成。两部史诗的观念世界颇为不同，这是不是意味着背后有两位作者？抑或天才荷马一人写出了这两部颇为不同的著作？

古典时代的希腊人相信有荷马，他们也相信曾经有过一场特洛伊大战，相信奥德修斯的远航——当然，不一定相信独眼巨人和能用魔杖把人变成猪猡的女巫。启蒙时代以来，学者们秉持近代的科学精神，发展出系统的"疑古"态度，认真区分传说-文学和历史。古人相信这个不相信那个，更多依赖于是否合乎情理，所据的标准与近代史学家不尽相同。即使明确区分了文学和历史，信荷马史诗为真实历史的仍大有人在。德国人施里曼是其中一个。他自幼沉迷于荷马史诗，坚信历史上曾发生过特洛伊战争，坚信可以根据《奥德赛》中的描述复原奥德修斯的旅行路线。后来，他经商有所积蓄，改行考古。他找到了他所认定的伊塔卡，挖出了一些骨灰罐之类，认为里面可能正是奥德修斯和珀涅罗珀的骨灰。起初，没谁重视他的工作和推测。施里曼又来到他所认为的特洛伊遗址——土耳其境内的希沙里克山丘，在那里发掘出多层城墙遗址以及大量金银器皿。于是，他宣布发现了特洛伊古城。与荷马史诗关联的考古一直吸引人们的注意，施里曼的发现轰动世界。

不过，施里曼及其继承者的考古发现并不能直接证明那片废墟就是特洛伊，更不能证明它毁于阿伽门农率领的希腊大军。迈锡尼王朝确曾四处征战，很可能曾经为争夺黑海的入口把战火烧到小亚细亚（安纳托利亚）的西北角，但没有证据表明曾发生《伊利亚特》所描述的那场战争。实际上，以当时的经济条件和社会条件论，没有哪个国族有能力进行一场长达十年的远征。当然，荷马史诗仍然是史家的一座宝库。从史学兴趣着眼，史诗主要反映的是史诗形成的时代，但也有部分内容反映的是迈锡尼时代。例如，在史诗里，死者是火葬的，古史研究则认定青铜时代晚期在希腊地区流行的是土葬，火葬是此后发展起来的习俗；但另一方面，史诗中对青铜武器和其他器物的大量描述则与迈锡尼时代的出土文物相合。无论如何，荷马史诗为了解早期希腊提供了大量资料和线索。后世的文学作品也可以具有重要的史料价值，但无法跟荷马史诗相比，因为即使没有这些文学作品，我们通常还有史书等其他系统史料，而关于迈锡尼时代和黑暗时代，荷马史诗提供的资料是无可替代的。

当然，这些都不意味着荷马史诗是真实历史，今天也没谁把它当作史书来读。但荷马史诗的确呈现出一个独特的、完整的、波澜壮阔的世界——海平面上升起玫瑰色的朝霞，山坡上果实累累，器宇轩昂的男人和美丽的女人，充满生命的喜悦，富有行动的热情和活力。神一样的武士雄赳赳踏上战场，"双腿充满力量，活着，看到太阳的明光"，一场搏斗之后，倒在血污的泥土之中，"黑夜合上了他的双眼"。荷马史诗既是对青春活力的礼赞，也是对人类限度的慨叹——世界欢欣鼓舞，又触目惊心，让人叹息不已。

荷马史诗不是历史，然而，它们对后世的影响却是实实在在的。荷马史诗可称为希腊人的《圣经》，广泛而深刻地影响了古典时代的希腊文化和希腊人的价值观。在泛雅典娜节等各种庆典活动中，游吟诗人会咏诵荷马史诗的片段，有时会由一组诗人接续咏诵全诗。人们在宴会上咏诵荷马，在各种场合引用荷马，孩子在学堂里学习荷马，不学荷马，无以言。荷马是一条纽带，让口说各自方言的希腊人获得某种希腊认同。眼光越出希腊，我们会看到，对后世西方的文学、政治思想、伦理观念，荷马成为源头之水。

斗换星移，我们的观念已经完全不同。荷马的英雄，连同他们对荣耀的渴求，已经永远离我们而去。我们不可能去为荣耀发动战争，即使战争犯也不会再像古代征服者那样到处刻碑记录下自己的侵略、屠杀、劫夺。我们不可能像荷马笔下的人物那样行为做事，即使能够，也不愿意，我们有自己的伦理。那么，我们该怎么读荷马？阿喀琉斯是荷马笔下的头号英雄，最卓越者。什么是最好的、最棒的、最优秀的？《伊利亚特》歌咏的是"阿喀琉斯的愤怒"，他为什么愤怒？不是为什么高尚的理想，而是为了跟阿伽门农争夺一个女奴。他还缺乏大局观，因为失去布律赛伊斯闹意气，甩手不干，听凭特洛伊人大破自己的友军。他杀死赫克托耳之后，竟然蹂躏赫克托耳的尸身。我们希望一个怎样的阿喀琉斯呢？顾全大局，先人后己，他本人尊重女性，关怀弱势群体，他手下的士兵不拿群众一针一线。我们的观念多么正确，我们的道德多么优越啊。顾全大局挺好的，关心弱势群体肯定正确，然而，一个时代要变得怎样生趣全无，那里的人们才会想到把自己变成楷模，变成标本，执以度量和评判古人。我肯定反对蓄奴，反对抢劫。那我干吗去读荷马？我干吗不多自拍几张，放进相册里慢慢欣赏？

　　然而——或因此——荷马让我们怦然心动。那是一个遥远的、迥然不同却自身完整的世界。伟大作品正是这样：它呈现的世界迥然不同，却没有什么怪异难解。我们仍然能够欣赏那个世界中的诸多动人之处，并惋惜这些动人之处已经远离我们。

荷马所创造的世界是一个完整的世界，但那不是唯一的世界，更不是现实希腊的唯一摹本。没有哪个作家能提供这样的摹本。当真要了解荷马史诗定型时期的现实生活，也许赫西俄德能告诉我们更多些。赫西俄德活动在公元前 8 世纪晚期，差不多也是荷马史诗定型的时代。我们颇可怀疑有没有一个名叫荷马的历史真人，赫西俄德却实有其人——他是西方历史上第一位署名诗人。赫西俄德传世的重要诗作，一是《神谱》，一是《工作与时日》，"希腊神话"一章里有几个神话就出自这些诗篇。在赫西俄德的诗卷里，我们读到一个迥异于荷马的希腊。荷马只关注英雄和他们的赫赫功业，赫西俄德关注的则是普通人和他们的日常生活；荷马的英雄攻杀劫掠、追求荣耀，而赫西俄德宣扬的是劳作与善良，"人类只有通过劳作才能增加羊群和财富，也只有通过劳作才能备受永生神灵的眷爱。劳作不耻辱，耻辱的是懒惰。活着而无所事事的人，神和人都会痛恨"；"人家爱你，你要还之以爱"。荷马的英雄各个器宇轩昂，而在赫西俄德这位辛勤劳作的农民眼中，王爷是一帮横行霸道、贪赃枉法的坏蛋。我会说，赫西俄德的世界更接近现实的世界——当然，这不是对作品高下的评判。

第六章　广域希腊

迈锡尼文明终结以后，王权衰落了，大型居住区消失了，简陋的房舍和小小的聚居点散落在各处。人口减少了很多，昔日的农民回到放牧生涯，一任农田长满荒草。没有商船远航贸易，曾经忙碌的港口废弃了，零零星星有小渔船在这里靠岸。希腊进入了"黑暗时代"。

所谓黑暗，含有我们无法获得信息的意思。没有辉煌的宫室可供发掘，找不到任何文字记录，考古学家难免失望。仍然生活在这片土地上的黎民呢？日子肯定艰辛，不过，即使在王朝盛期，底层劳动者的日子也没有那么好过。日子仍然过着，果腹蔽体之外，也有"文化生活"。史家说，迈锡尼文明就像从来不曾存在过一样，就像中世纪欧洲人全不记得希腊和罗马。其实不然。没有文字的踪影，但这对普通人无何影响，他们本来就不知读写；就在这段黯淡的岁月里，人们传颂着以往的辉煌，汇流而成无与比肩的荷马史诗。

惨淡的光景持续了多久？考古学家发掘出一两座公元前 10 世纪中叶的墓葬，随葬有相当数量的黄金首饰等奢侈用品，据此推测，至少在个别地方，经济已有所复苏。东西方的贸易也重新开始。西亚人这时已经开始制造铁器，不久以后，希腊人也掌握了炼铁工艺，用铁代替青铜来制造武器和工具。铁制的农具提高了农业生产力，人口渐渐增加。

此后的希腊，我们的了解又多起来。希腊人重新有了文字，不是线形文字的重生，而是从腓尼基人那里学到的字母文字——赫西俄德使用的就是这种文字。拼音文字大概是腓尼基人对人类文明最重要的贡献，不过，腓尼基字母表只有辅音字母没有元音字母，希腊人增添了代表元音的字母，这种更完备的表音文字系统是此后各种西方文字的母版。

社会形态正在改变，一种新的共同体组织形式生长出来。在希腊由大大小小的君王统治的时候，统治者会修筑一个城堡作为自己的居所，称作卫城（acropolis），通常建在小山或高地上，像我们看到的雅典卫城这样。在遭受外敌攻击的时候，散居四郊的居民可以集中到这里来避敌。平时，他们会到城堡周边来举行宗教仪式，也到这里来交往易货，于是，城堡连同其周边地区也统称为卫城，卫城就相当于一个地区的中心市镇或城市。

这样的一种生态，逐渐演化为一个边界分明的社会-政治共同体，是为 polis，英文里通常称作 city-state，我们译作"城邦"。在城邦内部，民众获得了更多的权利，君王的权力逐步缩小。早在公元前 9 世纪，小亚细亚沿岸以及岛屿上的希腊人就开始建立起城邦，稍后，希腊本部也涌现出以斯巴达为首的一批城邦。我们可以把城邦视作一个小型的国家，但下一章会讲到，它与我们通常所知的国家很不一样。

人类发展出多种多样的政治体，城邦是其中极富特色的一种。城邦的成熟程度有别。有一些希腊政治体实际上间于部族、王国、城邦之间。希腊之外的地区，尤其是腓尼基人统治的地区，有些共同体的组织方式与希腊城邦甚为相似，但城邦制度唯在希腊臻于完备。人们说到城邦，首先指的是古希腊城邦，若在别的场合说到城邦，差不多总是比照希腊城邦来说的。

希腊城邦涌现的那个时期，西亚和东地中海正在整体复苏，地域间贸易重新活跃。希腊人也参与其中。希腊本土多山，又没有适合航行的大河，内陆交通甚为不便，因此，希腊本土的大多数城邦沿海岸线建立，它们之间主要通过海运交通。希腊人造的船只一开始只能沿海岸线航行，后来，造船技术改进，可以出海远航。希腊半岛套半岛，海岸线曲曲折折，多良港，从希腊本土前往小亚细亚海岸很近，中间岛屿棋布，可用作远航的跳板。希腊距北非和南意大利也不是很远。所有这些都为海航贸易提供了便利条件。

希腊的矿产比较丰富，如大理石、陶土、金、银、铜、铁；农业方面，适合种植葡萄和橄榄，但因为少平原，粮食生产不足。希腊出口铁铜等矿石、羊毛、葡萄酒、橄榄油、陶器，进口谷物。希腊原本森林茂盛，但在繁荣之后，木材消耗过度，森林面积大大缩小，木材进口成为一个大项。

海上贸易是一项危险的营生。农民守在一块土地上，虽然日子过得艰辛，但比较安稳，而在海上营生，不测的风暴可能让你血本无归，还可能连人带货一起海葬。大海不属于哪个邦国，海盗横行——实际上，历史上大多数时期，本来不大分得清何为海上贸易，何为海上抢劫。除了劫夺货物，海盗的生财之道还有绑架活人，索要赎金。地中海一向海盗横行。后来，阿拉伯人统治北非的时代，北上劫掠是北非经济的一大支柱。再后来，西班牙、英国、法国这些国家争夺海上霸权，海盗团伙跟这个国家那个国家的政府有明明暗暗千丝万缕的勾结。有一种刻板印象，认为商人重利轻义，精于计算而缺少胆气，这实在大错特错。尤其是过去时代的远途行商，那模样更像是强盗坯子，不像账房先生。他们见多识广，擅对习俗各异的族群。

希腊与海洋不可分割。当黑格尔说，有为的民族面向海洋，他首先想到的就是希腊。当然，他也难免想到他的德意志祖国，心里会对那些有大量航海基因的史上强国有点儿羡慕嫉妒。与意大利、葡萄牙、西班牙、法国、荷兰、英国、瑞典相比，德意志差不多是个内陆国族，一个世纪以后，德国也曾企图变身为海上强国，到底也没有如愿。

去到海外的希腊人，有些滞留在那里，时间长了成为移民。早在公元前 11 世纪，希腊人就开始向半岛外移民。爱奥尼亚人主要向东去往小亚细亚，多立斯人则更多西向去往意大利。最先涌现的城邦有不少就是这些移民建立的，如爱奥尼亚人的名邦米利都。公元前 8 世纪，随着城邦的涌现，希腊人开始了有组织移民，一个母邦划出一批人口，集体移置到某个新地方，建立一个殖民点，条件成熟之后，这个殖民点就独立而成为一个新城邦。这一殖民潮持续了两三个世纪之久。

每一个殖民城邦都是一个特定城邦去建设的。殖民群体从母邦祭台上分取圣火，到达新地点后，第一件事是用带来的火种建一个火塘，这象征新城邦继承母邦的传统：宗教、政体形式、方言，等等。殖民城邦虽然与母邦保持多种多样的联系，但它建成之后就成为独立的政治体，并不附属于母邦。因此，殖民城邦既不同于通常含义上的移民，也不同于近代西方帝国的殖民地——这些殖民地并不是独立的政治实体，而是帝国的属地。当然，殖民地闹独立获得成功是另一回事。

殖民城邦壮大之后，有可能建立它自己的新殖民城邦，继续扩大殖民链条。例如，米利都建邦后不久即变得繁荣昌盛，便在黑海南岸建立了一批自己最早的殖民城邦，继而深入黑海其余地带，如多瑙河河口、第聂伯河河口，以及今天乌克兰的敖德萨。它们因矿物、粮食、酒、水产、羊毛、木材等交易也很快繁荣起来。

另一方面，殖民尝试也可能以失败告终。殖民的目标地通常不是无主的领土，被殖民目标地的土著对殖民者的态度不一：殖民者带来贸易红利，受到一些土著的欢迎；在另外一些地方，殖民者则遭遇当地住民的抵抗。西面的亚平宁半岛和伊比利亚半岛土著的抵抗格外顽强。一批殖民者背后通常只有一个单独的母邦支持，提供的武力支持有限，或出师不利，或立足未久又被驱逐，或建成殖民点后勉强固守而无力进一步扩张，亦属常见。

殖民过程充满了国族和族群间的搏斗。希腊人很难在强大的埃及人控制的地域建立新城邦，不过，这一时期的多数埃及法老对希腊人相当友善，允许希腊人在埃及领土上的一些地点建立贸易站，他们还招募希腊人做雇佣军乃至王室卫队。更大的障碍来自腓尼基人，同一时期他们也在大规模殖民。希腊人擅长海战，但他们的战船和海战技巧比腓尼基人略逊一筹。腓尼基人在北非建立了迦太基，它在几个世纪里一直是一个强盛的城邦，直到公元前2世纪被罗马攻灭。在西西里岛上，腓尼基人和希腊人各自建立了一批殖民城邦，希腊殖民城邦里最著名的是叙拉古。公元前5世纪，波斯王薛西斯从东方入侵希腊时，迦太基想趁机把希腊人赶出西方这个大岛，但叙拉古的僭主格隆击溃了迦太基规模巨大的远征军。

在与其他国族和族群的冲突中，希腊人往往占有武备和组织的优势。城邦人擅长社会组织，也擅长军事组织。在海上，希腊人发明了更加快速、灵活的战船，这些战船带有冲角，可冲击对方的战船，带有甲板，可供水兵施展弓箭和其他武器。在陆上，希腊人发展出了重装步兵。重装步兵穿戴由青铜制成的头盔、胸甲、胫甲，用金属鞘片把圆盾固定在左臂上，腾出左手执刀，而右手则握着可以投刺的长矛。对战之际，这些士兵组成方阵，每一个士兵在队列里有他固定的位置，用他的圆盾掩护左边战友暴露的右侧。方阵作战要求唯希腊人拥有的严格训练和高度组织——一个战士的错位或畏缩不前会带来涟漪后果。方阵军士统一步调，互相掩护，势不可当。

在海外建立移民点和殖民城邦，既有助于减轻希腊本部不断增加的人口压力，又能够促进希腊人的海外贸易。贸易固然可以在异族之间进行，不过同种同语显然提供了更多的方便。一个坐落在黑海边上的城邦，一方面熟悉那里的"土著"，一方面又属于希腊。希腊人很少在内陆建立殖民城邦，一则因为海上贸易路线不经过那些地方，二则因为希腊在海上拥有更突出的武装优势。

殖民大潮不仅大大扩展了希腊人的"生存空间"，同时也把希腊文化——从葡萄种植到希腊陶器、瓶画、雕塑艺术——带到四面八方。殖民活动和海上贸易也给希腊人的心智带来了诸多改变。海上生涯培养出敢闯敢为有胆有识的性格。在族群斗争中经常获得优势，这让希腊人产生出更强的自信。他们与形形色色的族群接触，开阔了眼界。那时候没有书籍，文化思想的交流主要拜托给商旅人众。他们比居家耕种的农人见识更广，思想更活跃，更能够接受新事物，也更容易质疑自己的某些成规，更加珍视个人自由。一般说来，殖民城邦更多依赖贸易，工商业格外发达，采用民主政体的较多，与其他地区的联系也较多，最早一批思想家差不多都出自这些城邦。

殖民活动大大扩张了希腊世界。到公元前 6 世纪，有文献记载的殖民城邦就有近 150 个，其中，以弗所、萨摩斯、罗得斯、叙拉古、昔兰尼、拜占廷，是不同时期最重要的希腊城邦。殖民城邦分布于爱琴海的诸多岛屿、小亚细亚西岸、北非北岸、黑海沿岸、亚平宁半岛，甚至远及今天的法国（如马赛、尼斯）和西班牙（如安普里亚斯）。人们说到古希腊，所说的不限于现在的希腊半岛，而是这个广域的希腊——从俄罗斯南部直到西班牙的大西洋海岸。古典时代，广域希腊的人口据估计略多于 300 万。这些希腊人生活在各自的城邦或部族中，并没有形成统一的政治实体。不过，从荷马史诗看，早在特洛伊战争时期，希腊人就已经有某种希腊人意识——虽然荷马没有用过 Hellenes 这个词，他说到的是阿该亚人，Achaeans。到古典时代，希腊重振，虽然希腊人生活在各自独立的城邦里，但同为希腊人的意识也相当浓厚。把希腊人连在一起的，当然首先是大家都说希腊语，哪怕说的是多种多样的希腊方言。直到今天，"同语"仍然在很大程度上定义着"同种"。希腊人把非希腊语族统称为 barbaroi，今天意指野蛮人，说话吧啦吧啦不知在说些啥。据学者考究，这个词一开始并不含歧视之意，不过我对此有点儿怀疑：一则，古代时候，对"非我族类"，人们难免歧视；再则，barbar 这个发音似乎就含有歧视的意思，我们乡下就把哑巴叫作"叭叭"。文字的普及也有助于塑造共同意识。希腊人改造腓尼基字母，发明了希腊字母。雅典所在的阿提卡地区的方言及拼写方式，后来被奉为标准，主要文献均以这种文字流传。

语言文字而外，希腊人的宗教信仰也相通。一个城邦有它自己特有的神祇，如斯巴达人供奉斯巴达的创建神宙斯，雅典人供奉雅典的保护神雅典娜，但这些神祇并非只属于这些特定城邦。各个城邦还供奉赫斯提亚*这样一些共同的神祇。有一些城邦形成"宗教信仰同盟"，在一个中心地点共同崇拜某个神明。其中最负盛名的非德尔菲莫属。德尔菲的神谕影响甚广，不仅希腊各邦面临重大决策之前要到德尔菲求请神谕，希腊世界之外的王国也常前来求签。最著名的一例是吕底亚国王克罗伊索斯，他与居鲁士大帝争雄，打算攻击波斯，他在德尔菲的阿波罗神殿求得的神谕说：只要他越过两国之间的界河哈里斯河，就将毁灭一个强大的王国。战争的结果是波斯摧毁了吕底亚，但这也许正是那条神谕所预言的。当然，今人多半不相信神启的灵验，德尔菲的祭司们之所以能常常做出正确的预判，因为他们是一些政治判断高明的凡人，他们接待络绎前来的各邦人士，消息灵通。有时候，他们会因自己的政治倾向做出决断，甚至会接受贿赂偏袒一方。希腊人真心畏信德尔菲神谕，但在有些关头也会自作主张，或者曲解神谕以适合自己的愿望。薛西斯入侵希腊时，斯巴达、雅典、克里特等很

---

* Hestia，古希腊神话中的灶神和家庭女神，奥林波斯十二主神之一。

多城邦求得的神谕都建议他们投降，但他们还是选择了抵抗。

很多城邦举办节庆会，外邦人也可参加；此外还有科林斯"宙斯节"那样各城邦共襄人众的节庆会。节庆会上通常会吟诵荷马史诗与赫西俄德的《神谱》，它们是希腊人的"共同文本"，那里记载着希腊人信奉的诸神的谱系。公元前 776 年开始的奥林匹亚竞技会，是整个希腊世界的盛会，赛会四年一度，形成希腊人共同采用的纪年标准。在奥林匹亚赛会期间，所有城邦都进入"神圣休战"，正在交战的城邦也须暂时停战，以保证竞赛者、赞助者和游观民众安全旅行，不遵此例被视作亵渎神明。人们常说，体育竞赛是替代战争的文明竞争形式，但可叹，发明竞技体育迄今已经快有三千年了，战争仍然没有被替代掉。

第七章 公民与城邦政制

到公元前 6 世纪，上千个希腊人聚落散布在广域希腊，多数已具备成熟的城邦样态。

通常情况下，城邦是若干个氏族合并在一起产生的一个共同体，这一方面是说，城邦建立在氏族基础之上，另一方面是说，城邦是打破氏族壁垒、超出血缘-亲属联系的共同体。城邦是政治共同体，而一个氏族无论多庞大、多复杂，都不是纯粹的政治体。

今人所说的"政治"这个词，辗转来自 polis 这个词——政治是城邦之事、众人之事。在希腊人的观念里，唯有具有公共性质的、由公民共同商讨决定的事情，才是政治。在城邦里，有 nomos 置于人们中间。nomos 的意思是习俗、律则、规范、法、法律，无论用哪个单一的汉语词来表达都会走样，我们在这里勉为其难，对应以"法律"一词。无论哪个人、哪些人、哪个集团或哪个阶级来统治，都必须遵行法律，依法律来统治。法律必须公正，而且必须公开——在几乎每一个城邦里，法律条文都被镌刻在石板或铜板之上，镶嵌在公共场所。公开和公正一体两面，没有公开就无法保障法律的公正。法律是政治共同体的标志，使之区别于家庭。家庭内部的事情是私事。在家庭里，重要的不是公共说理——"公共"两字可以去掉——重要的是关爱，是对家庭具体成员的具体关爱，没有了这种关爱，家庭就瓦解了，或名存实亡。而维系政治共同体的则首先是对法律的信赖和忠诚。对具体人的关爱是自然自发的，与之对照，nomos 是"人为的""抽象的"，对法律的信赖和忠诚需要培养、需要教化。实际上，这正是希腊人所称的教化的主要含义。希腊人并不排除氏族关系，有时候这类关系对城邦政治起到极大的作用，然而，身为公民，他身上总有超出血缘关系的一面。城邦之间的联盟通常也比方言区的血统联系更强劲。

不同城邦采用不同的政治制度。在《政治学》一书中，亚里士多德把政体形式分为六种：王制、贵族制、共和制及它们的三种堕落形态：僭主制、寡头制、平民制。王制和僭主制是一人统治，贵族制和寡头制是少数统治，共和制和平民制是多数统治。政治理论需要从这个角度或那个角度为政治制度分类，当然，实际存在的政体形式远不是这样整齐。寡头制跟贵族制往往很难区分。"寡头制"，oligarchie，来自希腊文ὀλιγαρχία，olig 的意思是小、少数，oligarchie 的字面意思是少数人的统治，大意是数家豪门、门阀的统治，而中文"寡头制"却可以被理解成一个人的统治。"贵族"这个词也可能误导。封建制度下的贵族是由最高统治者分封的，领有明确的爵秩，希腊没有最高统治者，自然也没有这种意义上的贵族。后世所称的希腊贵族实则是一些祖上建立过显赫军功或其他功绩从而拥有威望、财富和权力的世家。这些世家在政治和军事上发挥领导力，用钱财赞助城邦的公共事业，施舍穷人，他们通过这些而不依靠名衔来维护其显贵身份。与此相应，所谓"贵族制"（ἀριστοκρατία）指的是这些显贵家族的统治，或曰最优秀者、最显贵者（ἄριστος）的统治。共和制和平民制也很难区分。同为民主制，一个城邦的民主很彻底，另一个则混有浓厚的寡头因素。当时人尚不知亚里士多德理论所做的分类，通常谈论的是"多数人统治"和"少数人统治"。后世史家一般也沿用这个简单的区分。下文将分别称之为"民主制"和"寡头制"。古典时代，只有斯巴达采用王制，后面会讲到，斯巴达政制很特殊，不同于通常所说的君主制，实际情况更像《安提戈涅》中海蒙所言，"没有哪个城邦是由一个人统治的"。僭主统治的城邦也寥寥可数。

没有哪种制度完美无瑕，每一种制度都有它的长处短处，这固然是老生常谈，但我想说的是，一种制度是否运转良好，并不全看制度设计，还要看国民尤其是一国的菁英怎样对待这种制度。他们爱自己的制度，就会尽力发扬这个制度的长处，避免其短处，共同体就会在这种制度下繁荣强盛，让我们觉得这种制度优点多多；反之，人们失去了对一种制度的热情，民众只想从这个制度得到利益，菁英们转变成机会主义政客，千方百计利用这个制度的漏罅为自己谋求权力和财富，这种制度的缺点就会放大。斯巴达和雅典长期保持强邦地位，很大程度上在于这两个城邦特有的政治文化，在于它们的民众信赖自己特有的政治制度。

但另一方面，城邦里的不同群体尤其是不同阶级——传统贵族、工商贵族、农民、工匠、小商业者、破产的贫民——会有不同的制度偏好，不同偏好有时会发展成激烈的制度之争。阿克顿勋爵当然是对的，国家不应该由任何一个阶级来统治，而应该由法律来统治，但实际上，各阶级各集团不可能始终和和美美共处，难免会为掌握国家的主导权而斗争。斗争既然不可避免，各阶级、各集团是否拥有妥协的政治智慧就变得十分重要。有些城邦在既有政体形式中保持了长期的稳定，但也有很多城邦，民主派和寡头派常发动白热化的政治斗争，引发大规模骚乱乃至内战，生灵涂炭，城乡凋敝。

政治制度不仅是城邦的内部事务。城邦之间充满竞争，政治制度的短长也是竞争的一个方面。制度相同的城邦更容易互相亲善，而制度不同的城邦则借助它取得的成就来宣示其政治制度更加优越。一个强邦也可能施加种种影响甚至通过直接干涉来左右另一些城邦的制度。

但无论哪种情况，一个城邦采用这种或那种政体形式，主要是实际历史发展的结果，而非人们事先权衡的结果。人们会考量制度的优劣，但他们并不认为有哪种制度是天然优越的。这些考量并不诉诸抽象的理论，所依赖的是他们的历史经验和制度的具体后果。

虽然希腊人对哪种政体形式更为优越没有一致的看法，但僭主制总是名声不佳。tyrant* 这个词现在首要的意思是"暴君"。的确，僭主统治难免其任意与残暴的一面，没有哪个僭主不曾有这方面的记录。有些僭主更是臭名昭著，如阿克拉伽斯的僭主法拉里斯、萨摩斯的僭主波吕克拉底都是名副其实的暴君，他们杀害城邦中的全部显要公民，利用暴民和外来雇佣军对普通民众实施恐怖统治。不过，希腊历史上的 tyrannos 不一定格外残暴，更不一定无能于治理。僭主通常出自贵族，但他更倾向于工商阶级和平民的利益。不少情况下，贵族制度是通过僭主统治转变成为民主制度的。"古希腊的僭主，尤其是雅典的僭主，最初是一些保护人民不受贵族和富人压迫的人民领

---

* 古希腊语里僭主为 τύραννος（tyrannos），英语 tyrant 便源于此。

袖。"[*] 有的僭主是出色的统治者，公元前 7 世纪与前 6 世纪之交，科林斯在僭主佩里安德治下达到这个城邦的全盛时期。雅典僭主庇西特拉图大大促进了雅典的繁荣。叙拉古的著名僭主大狄奥尼西奥斯的确实施过一些残暴的手段，但叙拉古在其治下享有长期的安定、繁荣并变得强大。很多僭主热心促进文化艺术活动，希腊悲剧就是在庇西特拉图治下兴盛起来的。品达和埃斯库罗斯长期在叙拉古僭主希耶罗一世的宫廷欣享热情款待。

尽管不少僭主开明并创造了繁荣，但在希腊的政治话语中，tyrannos 从不是个美称。这在相当程度上是因为僭主不合法统，他既不是世袭的也不是选举产生的，而以不合传统的手段取得政权，在获取政权的过程中多半还使用了暴力。法统和治理绩效是两回事，一个合乎法统的政权其统治可能颇为败坏，一个来历不正的政权可能绩效斐然。相对而言，现代人更重绩效而古人更重法统，你是皇帝的儿子，老皇帝死了就该你继位，即使你昏庸无能骄奢淫逸把国家弄得

---

[*] 雅克琳娜·德·罗米伊：《希腊民主的问题》，高煜译，译林出版社，2015 年，页 126。

一团糟，大家还是愿意效忠你。

　　僭主制遭人反感，还有另一层缘由——对希腊人来说更重要的缘由。在僭主制下，城邦事务由僭主和他的私人圈子独断，而不是由公民参与决定。对城邦人来说，好生活当然好，但参与公共事务同样重要，甚至更加重要。在希腊人眼里，城邦是一个舞台，个体和家族在这个舞台上展现自身的才具和品质。一个人的统治，哪怕是善治，也是不可接受的。希腊人一向把自己视为自由人，自己掌握着城邦的命运，而在僭主制下，他们和东方王国中的臣民没有什么区别了。更何况，不少僭主不信任本邦的公民，重度依赖外国势力扶植，甚至干脆就是外国势力的代理人，僭主统治下的民众于是觉得他们就像是被外族统治而非生活在一个独立自主的城邦之中。

　　在谈论希腊人的政治生活之时，我们须明确区分政治自由和民主制度。民主制度是政体形式之一，而无论生活在何种政体（僭主制除外）之中，希腊人都视自己为自由人，即拥有政治权利的公民，polites。希腊人——这里指的是成年男性——首要的身份是公民。希腊像其他社会一样，有菁英和大众之分，有富人穷人之分，但就拥有政治权利而言，公民都是平等的，作为享有同等政治权利的公民参与公共事务。这种参与远不止于选举出管理者来管理自己，公民自己管理自己、管理城邦。希腊人为他身为自由人深感自豪。对外，自由意味着他生活在一个独立自主的城邦里，其决定是由共同体之内的公民做出的，而不受外部强权的支配。城邦若受到外部强权支配，他身为城邦人就不再是自由人。在内，他身为公民可以不受胁迫地自由地决定自己的政治主张，自由地表达这些主张。希腊人自视为文明人，一方面针对没有健全政治组织的蛮族，另一方面针对波斯这样没有公民自由的政治体组织——东方王朝制度下的人众不是自由人而是君王的臣民或奴隶。或者，像施特劳斯所说的那样，"他们认识到，城邦本质上高于古典时代已知的其他政治组合（political association）方式……部落的特征是自由（公共精神）而不文明，东方君主制的特征是文明而不自由"*。

公民大会最集中地体现了公民的自我管理。早

---

* 列奥·施特劳斯：《什么是政治哲学》，李世祥等译，华夏出版社，2014 年，页 54。

064   希腊别传

在荷马史诗里，奥德修斯就把举行集会讨论公共事务视为文明人的标准。他把库克洛普斯（独眼巨人）视作野蛮人，"他们没有议事的集会，也没有法律……各人管束自己的妻子儿女，不关心他人的事情"。在集会讨论之际，弱势群体也得到表达自己主张的机会，这多多少少减少了强者和弱者之间的差异。公民大会拥有巨大的权力。伯罗奔尼撒战争爆发前夕，斯巴达召集希腊诸城邦来讨论大局，这些讨论是在斯巴达的公民大会上进行的，此后，也是斯巴达公民大会决定建立反对雅典的同盟。即使在战争危局中，只要可能，前线的将军们面临重大抉择也须请示公民大会。在伯罗奔尼撒战争中，被雅典人围困在皮洛斯的斯巴达人请求停战，雅典将军德摩斯梯尼自己无法做主，必须请示公民大会——考虑到当时的交通条件，这是一件极其耗费时日的事情。

若说中国古代的国之大事在祀与戎，都是君王的事，那么，在古希腊，城邦的主要大事就是政治与战争，它们都是公民的事。和平时期，公民全方位参与城邦事务。发生战事——战争是家常便饭——他就作为战士去作战。公民都是战士，为城邦打仗是所有公民的天然责任，也唯具有公民身份的人有当战士的资格。没有谁因为富有或位高权重而得到豁免，实际上也没有谁会愿望得到豁免。公民-战士是一个人的主要身份这一点，在城邦鼎盛期尤为突出。埃斯库罗斯是当时最著名的悲剧诗人，在戏剧节上曾有 13 次赢得了桂冠，但他自撰的墓志铭只有这几句话：

> 墓碑下安睡着雅典人埃斯库罗斯，欧福里翁之子，
> 在丰饶的格拉死亡战胜了他。
> 但马拉松的战场可以证明他的勇敢，
> 连长发的米底人也得承认。

公民观念是希腊人最根本的政治观念，并起起伏伏一直传到现代。不过，在古希腊，唯本城邦的成年男子才拥有完整的公民身份，女性没有完整的公民权，奴隶和外乡人则完全被排除在公民范畴之外。对公民权的这些限制常为人诟病。不过，想想其他古代社会，想想即使在今天仍有那么多男人女人压根儿没有任何政治权利，对希腊人的批评可能会稍微缓和一点儿。

第八章 "小国寡民"

与我们今天熟悉的国家相比，城邦是规模很小的政治体。地域不大，一个典型的城邦一天之内可以步行横穿。人口不多，大多数城邦只有1000—5000公民，有些城邦人数更少。只有三个城邦在盛期超过两万公民，两个在西西里岛上，一个是叙拉古，一个是该岛西南部的阿克拉伽斯。希腊本部只有雅典，其盛期也许有4万—5万公民，加上妇女、儿童、外邦人、奴隶，人口是25万—40万，在希腊可说是个庞然大物。

希腊人采用城邦这种小共同体的形式，跟希腊的地理有关系。希腊没有西亚那样的大平原，也不像埃及，人口集中在尼罗河两岸，需要一个中央政府来管理尼罗河涨潮退潮带来的问题。希腊多山，把适合人居住的地方隔成一小块一小块。前面说到，城邦制度最早不是在大陆而是在岛屿发展起来的。多数岛屿面积不大，一个岛上的居民适合于形成一个独立的政治共同体。另一方面，一个城邦虽然地域不广，却往往包括多种地形：山地、坡地、谷地、海岸，出产不同种类的物产：木材、矿产、牛羊、果树、葡萄、粮食、鱼类。与此相应，一个城邦虽然人口不多，但分布在多样的行业中：农民、牧民、商人、水手。

在很多方面，我们可以把城邦视作一个小型国家，但这种认识多有不合宜之处。国家设有常备军队，在内护卫统治者，维护社会秩序，对外对抗异族，守护边境。城邦则没有常备军队也没有警察——不仅没有这类建制，甚至可以说，城邦没有现代意义上的政府。城邦有它的议事会，有负责行政的官员，有常规的运行程序，但它没有由终生以行政为业的官员和职员组成的一套官僚机构。因此，我们倾向于说"雅典决定"而不说"雅典政府决定"。的确，人们讲到城邦的时候，想到的不是政府，而是全体城邦人。索福克勒斯《安提戈涅》里的克瑞翁说到"已经向城邦宣布……"，他说的是向全体城邦人民宣布；阿里斯托芬《阿卡奈人》中的歌队唱道："你们都看到了吧，啊，整个城邦？"受冤屈者向之呼吁的，不是一架国家机器，而是城邦里的人众。

国家征收税赋，其中很大一部分用来供养统治者、官僚还有军队。城邦的公务职位则不领薪酬或薪酬很低，公民参战时多半自置装备。国家——尤其现代国家——的一个重要任务是组织和协调经济发展，甚至不少论者如许倬云把国家比作公司。现代国家还负有保障弱势群体福利的责任。诸如此类的事情多半都不是城邦要做的，例如，大多数时候慈善是由富人提供的。城邦不对富豪征累进税，但他们按习俗资助节庆、戏剧和其他公众活动，出资建造、养护战船。总体上，我们不宜把城邦设想成用来满足民众自然需求的机制，城邦的目标主要不是增益其成员的福利，而是像亚里士多德所说的，城邦的目标是共同善。城邦是联结城邦人的纽带，城邦给予公民以生活的意义。一个城邦不仅有它特定的政治制度，在一个城邦里，公民说同一种方言，共享社会习俗和宗教信仰，有自己的守护神，有自己的节庆，例如，雅典年年举办其守护神雅典娜的节庆。公共祭祀、戏剧、游行，这些既不仅仅是一套仪式，也不只是娱乐，它们是公民自我教化自我提升的活动。

达乎更高的生存一直是希腊理想，只不过，典范的生存现在不再是把个人的卓越和荣誉视作最高追求的荷马式英雄。卓越以城邦为舞台来展现，荣耀来自城邦，个人的荣耀来自为城邦做出了贡献。亚里士多德有句名言，常被译成"人是政治的动物"，但若要体现希腊特色，不如译作"人是城邦的动物"（ζῷον πολιτικόν）。希腊男人首先是城邦人，他最重要的那一部分生活跟公共事务联系在一起。伯里克利是有史以来最卓越的政治家之一，但他不是阿喀琉斯，他的卓越体现在他为城邦的服务之中。

城邦需要卓越的领导人，但城邦始终是比任何个人都更高的存在。雅典等城邦甚至设立了陶片放逐法：公民把他愿意放逐的任一位政治人物的名字写在一块陶片上，名字出现最多的人——无须曾犯有任何错误或罪行——将被放逐。陶片流放制度听起来匪夷所思，你被流放，不是因为你犯了重大错误或有罪，而是因为你过于杰出？是的，城邦对政治菁英一向警惕有加，担心哪一位政治人物拥有过大的影响力，从而左右城邦政治，甚至变身为僭主。雅典人最初是针对当时特定的政治形势设立此法的，但此法后来则一般地用以限制个人野心。放逐期为十年，被放逐者回到城邦的时候，通常不再拥有十年前的社会关系和影响力，不再对公民的政治自由形成威胁。城邦若面临严重困难或紧急局势，则可以随时召回被放逐者。陶片放逐法集中体现了个人卓越与城邦秩序之间的张力。客蒙、地米斯托克利等不少杰出的雅典公民曾经被这个制度流放到城邦之外。陶片流放制度能够成立，在很大程度上基于这样的现实：在城邦盛期，杰出人士以城邦为生命，遭遇这种"不公正"的处置也不会背叛城邦。城邦至上，"希腊人把自己的城邦当做神来膜拜，而不是单纯视之为公共机构"*。

政治体的规模大小会对政治体的性质产生深刻的影响。我们今天更多从生产链、国内市场、地缘政治这些角度来看待国家，难免认为国家越大越好，但这不是希腊人的想法，他们珍爱小型政治体。柏拉图的理想城邦其公民数是 5040 人，亚里士多德设想的

---

* 阿诺德·J. 汤因比：《希腊精神：一部文明史》，乔戈译，商务印书馆，2015 年，页 40。

人数似乎更少些：在公民集会之时，每个公民都能把前来集会的人群尽收眼底。希腊人为什么会珍爱这种小政治体呢？有一些原因众所周知，例如，只有在小共同体中才可能施行直接民主，或更加宽泛言之，只有在小共同体中，公民们才能自己管理自己，掌握自己的命运。又例如，在一个小共同体里，虽然也有贫富之分，但很难想象富人像波斯王族那样奢靡自大。富人和穷人在剧场里杂然共坐，在市场上相互问候。即使在被视作世道浇漓的后伯罗奔尼撒时期，一个富人无论走到哪里都有三四个仆人跟班就足以让德摩斯梯尼这位演说家当众加以抨击了。

　　放过这些不表，这里单说说小共同体与展现的关系。当今流行观念把人视作一种经济动物，用挣钱多少来衡量个人成功与否，用是否有利于经济发展来衡量社会是否合理。有一个基本方面被大大忽略了，那就是，人希望发挥自己的才能，展现自己的才能。我们在孩子身上可以最清楚地看到这个基本方面。前面一再提到，发挥其才能、展现其卓越是希腊人极其强烈的动机，而只有在城邦这样的小共同体中，人才能全面展现他的品格和才智。一个人的所作所为，无论是政治活动还是体育竞赛，无论是一座雕塑还是一个思想，每一样成就都是具体可感的，都对城邦有所触动有所改变。亚里士多德说，"城邦制度存在的理由是使生活更有价值"，这时，他像其他希腊人一样，自然而然认为，人若不得发扬自己才能，生活还有什么价值就大可疑问了。事实上，正是在城邦林立的希腊，在人类活动的几乎所有领域都涌现出众多的卓异人物。仅就雅典而论，仅提政治家，轻易就可以数出德拉古、梭伦、克里斯提尼、地米斯托克利、客蒙、伯里克利。与此对照，在波斯这样一个庞大的国家里，除了几个国王，我们很少能见到人的立体展现。

所谓"展现"，并非只是向他人展现，人在展现中达获自我理解。在希腊人看来，一个人只有在一个可以具体可感的共同体中才能够达获适当的自我感知、自我理解。希腊人很难设想自己生活在一个庞大帝国之中，这样的"共同体"的盛衰沉浮跟他作为个体的所作所为毫无关系，个人淹没在这样一个庞然大物中，完全看不见自己。

前面说到，城邦这种小型政治共同体与希腊特有的地理条件有密切关系，但这并不意味着"地理决定论"，仿佛外部条件把城邦形态加诸希腊人。世界上有不少类似的地形，如苏格兰，但那里并没有发展出城邦形态。而且，地理因素最多有助于解释城邦形态的出现，无法用来解释城邦形态的存续。无论城邦的创建还是存续，更多依赖于希腊人对这种形态的珍爱。

当然，小政治体自有种种难处。只说一点：城邦间战争连绵不断。城邦之间会因领土争端、贸易利益、信仰或迷信等多种原因发生冲突和战争，战争造成的伤害又会形成积怨甚至世仇，从而对争议更加敏感，使得摩擦更容易升级为战争。一个大国内部，地方之间也常有冲突，但地方性冲突通常不至于升级为内战。在同样一片地域里，数百城邦林立，战事频发就不足为怪了。翻检希腊史，极少有连续几年不发生战事的。科林斯和梅加腊是两个相邻的大邦，为争夺土地和贸易利益陷入战争。梅加腊是这场战争的落败一方，但它反过头来侵占了抵抗力薄弱的萨拉米斯岛。这一态势威胁到雅典的出海通道，于是，雅典和梅加腊反复为争夺萨拉米斯岛开战。

数个城邦有时会基于共同利益结成联盟。一个联盟不像一个单独的城邦那样容易动刀动枪，但联盟也有危险，因为小邦之间的冲突有可能带动大邦行动，引发大型战争，就像后来的伯罗奔尼撒战争那样。城邦在你争我斗之际，还常常求助于波斯、迦太基等强大外部势力，这些外部势力往往挑唆、利用城邦间的矛盾，坐收渔翁之利。

古代鲜有非攻的思想，挑起战争非法的观念是近百年才有的。即使现今和平主义思想广泛流行，世界上战争仍然此起彼伏。尽管古人没有和平至上的观念，但他们当然也知道战争会带来伤害，而且往往两败俱伤，所以，发生争议时，他们有可能寻求另一个城邦出面仲裁——强大而公正的斯巴达经常扮演仲裁者的角色。仲裁的理据不唯具体争端的是非，背后还有人们的一般观念。希腊人对独立城邦怀有很深的尊重，极不愿意看到得胜的一方吞并一个独立城邦，数百个小邦国能够长期并存，在很大程度上得益于这种普遍观念。

希腊周边有几个强大的异族国家，城邦迄小，一个弱点是它难以抵御这些大国的攻击。想想春秋时候，楚国吞噬汉水北岸的那些小诸侯国来得多么容易，希腊那些蕞尔小邦又哪里敌得过埃及和赫梯这样的强国？幸运的是，希腊城邦发育的时期，赫梯帝国已经崩溃，埃及正在衰落，吕底亚王国耽于东方乐土，波斯尚远在两河后的高原上，等日后才会征服吕底亚，威胁希腊。这些强大的、曾经强大或即将强大的邻居一任希腊人去折腾，去营建他们心爱的体制。待到波斯崛起并向欧洲扩张的时候，希腊城邦已经成熟，希腊人已经变得同样有力，尤其是充满了精神力量。

希腊人珍爱自己的城邦形态，为之深感自豪。由于这种珍爱，他们不仅建立了城邦，而且把这种形态坚持了千年之久。

第九章　斯巴达

　　希腊有很多著名城邦，米利都，底比斯，科林斯。最著名的当然是雅典和斯巴达。

　　斯巴达是希腊大陆上的第一个城邦，建立这个城邦的是多立斯人。人们常常拿多立斯风尚与爱奥尼亚风尚相对照，多立斯人严峻，崇尚集体和纪律，爱奥尼亚人优雅，崇尚个体的自由。这一对照也体现在建筑上广为人知的多立斯风格和爱奥尼亚风格。

　　公元前 8 世纪，斯巴达人征服了周边的拉科尼亚地区，把这些地区变成斯巴达城邦的属地，把当地居民降为黑劳士（helot，也译为希洛人），近似于农奴。这个世纪的后半叶，斯巴达通过二十年的征战征服了它西面的麦西尼亚地区，把这一广大地区的人民也转变为黑劳士。上一章说到，希腊邦国间经常发生战争，结果可能两败俱伤，也可能一方受益而另一方受损，但通常，战争并不十分酷烈，得胜的一方也会遵守不灭国的原则，像麦西尼亚那样被彻底铲灭的事例是极少有的。

斯巴达采用十分独特的双王制。大约在公元前 9 世纪末，吕库古改革了斯巴达的政体形式，树立了公民大会的权力，削弱了国王的权力。一年一度，公民大会选出十位行政官，五名监察官。但权力最大的机构是吉罗西亚议事会，议事会有 30 位成员——两位国王和公民大会从 60 岁以上的前行政官中遴选出的 28 位成员。公民大会不参与日常行政事务，具体事务由议事会决定。但若行政官不同意议事会制定的政策，议案将交给公民大会裁决。公民大会并不讨论议案，而是决定议案是否实施——赞成和反对的各自发声，呼声更大的一方定谳。国王在政治事务中只是议事会成员，但他们另有重要角色。国王代表的是大斯巴达，不仅包括斯巴达公民，也包括他们征服的地区和被征服的人民。他们主持宗教祭祀，在战争中则是军队统帅。外出作战的时候，军队由两位国王之一统帅，另一位国王则留在斯巴达。监察官也拥有很大的权力，他们每个月监督国王宣誓守法，国王出征时随行监督，若怀疑国王有不端行止，在国王归国时有权逮捕他交付审讯；他们主持公民大会，平时则有权下令下级官员停职、受审，有权惩罚公民。

斯巴达人的社会生活以军事化为其特点。男孩子从 7 岁起离开家庭，由监察官统领，分成不同的连队。他们在连队里接受体育、狩猎、音乐、战斗各方面的训练，培养严格遵守纪律、不畏艰难困苦的精神。各个连队之间互相竞争，连队成员在这样的竞争中培养起对所属连队的忠诚。他们到 20 岁的时候将接受检验，合格的人将成为全权公民。他们也在这个年龄成婚，但成婚后仍然像从前一样过集体生活。他们到 30 岁才开始家庭生活，但仍然在城邦提供的聚餐会上吃饭，直到 60 岁。女孩子也接受同样的体育训练，但除此之外，她们生活在家里。订婚以后她们避居家中，不再与男子们一样出入训练场。男女成婚之后生育的孩子并不完全属于他们，新生婴儿由长老查验，有残疾者将被遗弃于荒郊。斯巴达城邦从一开始就要保证未来的公民-战士具有强健的体魄，而未来的训练则将培养他们的勇敢坚韧、遵纪守法。古代人普遍尊重习俗传统，而斯巴达人在这一方面格外突出。在古代社会中，斯巴达的宪制可谓相当完备，但斯巴达人的这种性情也许比它的宪制更有力地增进了城邦的强盛，实际上，其宪制也由于这种性情而得以维护长久，因此有学者称，"从根本上说，斯巴达不是一个由国王或执法长老们统治的城邦，统治它的是习俗"[*]。

斯巴达公民都是军人，不事农耕，不经营商业。每一户公民分得一片份地，指派数名黑劳士耕作。黑劳士得把收成的一半上缴给份地的主人，但他不是该主人的农奴，而是斯巴达城邦的农奴。上缴后的剩余归他自己，所以有些黑劳士也能积攒一些财物，但通常生活困苦。而且，他们无任何政治权利。在对外战争中，黑劳士也须服役，从事勤务，有时也充当舰船的划手和轻装步兵。若表现出色，可能获得解放，成为自由农民。斯巴达人和黑劳士的整体关系始终紧张。黑劳士对斯巴达人充满敌意，斯巴达设有"别动队"那样的组织，时不时到乡间去侦刺黑劳士的活

---

[*] 汤姆·霍兰：《波斯战火：第一个世界帝国及其西征》，于润生译，中信出版集团，2016年，页98。

动，发现试图反抗的嫌疑分子。根据一项颇为诡异的制度，城邦每年一次向黑劳士宣战，既然处在战争状态中，斯巴达人就无须经由合法程序杀害那些嫌疑分子。即使如此，黑劳士仍经常发起暴动，但在斯巴达的严酷控制之下难以成功。直到伯罗奔尼撒战后，斯巴达的强力有所消减，战败于底比斯的伊巴密浓达，亡国达四个世纪的麦西尼亚才得以光复。

斯巴达的这种社会结构也影响到它的外部行动。由于始终担心黑劳士造反，斯巴达人向来不愿轻易开战，尤其是远离家乡的战争。爱奥尼亚人反叛波斯的时候，曾向斯巴达求援，当斯巴达人得知爱奥尼亚海岸离波斯首府有三个月的路程之后，立刻拒绝了他们的请求。

从公元前 8 世纪到前 6 世纪，斯巴达与周边邦国进行了多场战争，虽然常常获胜，其势力一步步得到提升，但败仗也吃了不少。最难对付的是其北邻宿敌阿尔戈斯，这两个城邦之间战事不断，斯巴达常常落败，甚至有一次濒临亡邦的险境。公元前 6 世纪中叶，斯巴达在一场大战中战胜阿尔戈斯，从此确立了它在伯罗奔尼撒的霸主地位。阿尔戈斯虽战败，仍然保持了相当的实力，此后的岁月里，数次重新崛起，对斯巴达霸主地位提出挑战。

此后两个世纪，斯巴达一直是伯罗奔尼撒乃至整个希腊世界里位居第一的军事强国。同时，斯巴达尊传统重承诺，素有公正的名声。在各自为政的希腊城邦中间，斯巴达颇具大哥大的身份，城邦间发生争议，经常吁请斯巴达仲裁。周边很多城邦则在它的主导下结成斯巴达同盟。

斯巴达人为后世留下了鲜明的形象，成了严肃、简朴、勇敢、忠诚、公正这些优异品质的代名词，他们沉默寡言，用行动说话。后世斯多葛派的品质，似乎已经由斯巴达人实践过了，而且是由一个共同体中的所有人共同实践的。尽管早在城邦盛期斯巴达就享有这样的名声，但这一斯巴达人形象只有部分真实。早先，其他希腊人眼中，斯巴达人没那么特殊，他们也写诗，喜爱音乐、舞蹈，制造精美的陶器。斯巴达人不见得格外勇敢善战、所向披靡，否则也不会被阿尔戈斯人打得自身难保。想到斯巴达人是怎样对待拉科尼亚原住民和麦西尼亚人，也难免对斯巴达人的公正名声感到奇怪。不过，希腊人不大有现代人那

　　　　　　　　　　　　　　　希腊别传

种纯观念的理想主义，一个说什么都没谁在意的人谈不上公正不公正，他们说到公正，离不开保障公正的实力。斯巴达首先追求自己的利益，这被视作理所当然，所谓公正，更多是说他们把自己的利益摆在明面上，而不是在仲裁其他城邦的纠纷之时暗藏自己的利益考量。说到其他的斯巴达品质，我们同样不能照单全收。例如，若说受风俗统治，那是古时候希腊人的一般倾向。仅仅靠习俗肯定是不够的，所以斯巴达人才制定了严明的制度——统治者难免野心膨胀，意欲专断，所以才设立了双王体制，互相牵制，又设置了监察官职位，把国王看得紧紧的。斯巴达人的淳朴风俗也不全然源自他们的"国民本性"，而是在很大程度上依赖其闭关锁国的政策。斯巴达不欢迎外邦来客，并建立了定期遣返外邦人的制度。在希波战争尤其是伯罗奔尼撒战争期间，斯巴达人去到世界各处，很多人被更富裕多彩的生活和异端思想"腐化"了。当然，这是后话。

第十章　雅典

在希腊城邦中，我们了解最多的是雅典，实际上，我们对其他所有城邦的了解加起来也不如对雅典了解。这事出有因。雅典一向是个相当重要的城邦，而在希腊盛期则是最重要的城邦。雅典文化最发达，出了很多著名诗人、哲人、史家，他们关于自己的城邦讲了很多，并流传下来。在很长一段时期，斯巴达在希腊世界中的重要性超过雅典，但斯巴达没产生过埃斯库罗斯、希罗多德、修昔底德、柏拉图那样作品流传后世的作家。雅典最为开放，希腊各地人常访问雅典，知道雅典，谈论雅典。与之鲜明对照，斯巴达颇为封闭，别说后人，就是当时的外邦人也对斯巴达不甚了了，实际上，我们后世之人多半也是通过雅典作家来了解斯巴达的。

雅典由阿提卡地区的若干部落结合而成，像遍布希腊的其他小王国一样采用王制。在公元前 10 世纪的时候，它是希腊最强大的邦国，只不过那时及此后几个世纪，人们更多用"阿提卡"而不是用"雅典"来称谓这个部落邦国。后来，多立斯人逐渐建立起城邦体制，在实力和文化各个方面迅速发展，斯巴达、科林斯等城邦变得比雅典更加强大。

公元前 621 年，时任执政官的德拉古颁布了一套法律，后人发现了精确复制这套法律的部分铭文，它成为第一份流传下来的希腊法律文件。这套法律显示，雅典国家的结构仍是相当原始的，大部分政治权力掌握在各氏族手里。德拉古法律十分严酷，例如，它规定在某些情况下，债务人若无力偿还债务，债主可把他们充作奴隶。

在德拉古立法前后的时期里，雅典的各种矛盾正在加剧。一个矛盾是贫富差距拉大，土地兼并、货币的使用等都加强了这个趋势。吕底亚人发明了货币，很快，希腊人也开始使用货币，穷人在缺粮时买入，这时候粮价较高，需要支付较多的货币，他们在收获季节用粮食还贷，而这时粮价较低。这个过程恶化了穷人的处境。此外，富人还靠放债生息获得更多利益。社会上层的结构也动荡不定，尤其表现为传统贵族与新贵之间的冲突。传统贵族的财富和地位多半来自土地，新兴贵族的财富和地位则多半来自工商业。这一时期，工商阶级兴起，对传统贵族提出了挑战。

这些矛盾在希腊半岛广泛导致了经济-社会危机，很多城邦阶级斗争加剧，有些城邦爆发内战，出现了一些短命的僭主统治。小亚细亚西岸的米利都、萨摩斯则创造出一种新的政体，民主制。雅典也发生了动乱。公元前6世纪初，执政官梭伦被授权进行立法改革。他废除了债务奴隶这一类峻法，解放了那些被卖为奴的人。他颁布大赦，除了少数犯有凶杀之类的罪犯，所有被剥夺公民权的人都恢复了权利。他削减了各氏族的权力，增加了城邦层面的权力。新法使得长住阿提卡的外邦人士更容易获得雅典的公民身份，来自工商发达的科林斯等各邦的手工艺人由此变成了雅典人。这一法令及另一些相关法令旨在促进工商业的发展，以改变阿提卡相当单一的农业生产。梭伦同时改革了雅典的行政体制。此前，雅典行政体制的最上层是九位执政官，其次是贵族长老会议，主要由退职的执政官组成，再其次是公民大会（ekklesia）。现在，梭伦扩大了公民大会，允许商人参加，同时大大提升了公民大会的权力。他放宽了候选执政官的资格，要求执政官向公民大会述职。普通公民可以跻身其中的四百人议事会和审判法庭等机构获得了很大的权力，但由贵族长老组成的战神山议事会（Areopagus，也常常译作阿雷乌泊果斯议事会）仍然掌握着否定它认为违宪的决议，因此，亚里士多德把这一体制视为混合体制。

梭伦的立法改革总体上有利于工商阶级和下层阶级。这些改革极为激进，而激进改革常常会带来激烈的反抗和反动，幸好，梭伦改革之后的一段时期，雅典并未爆发大规模的骚乱，而这部分地却是因为新法并不曾顺利推行，并无立竿见影之功。然而，梭伦新法为雅典后来的民主制度打下了基础，尤可注意，它体现了希腊人标志性的理性、宽容、人道的精神，这种精神将长久影响雅典人和希腊人。

公元前 6 世纪最初的几十年，雅典的政治仍然动荡不已，而掌握政权的多半是一些寡头。稍后参与这些角逐的一个人物是军事长官庇西特拉图，他曾短暂夺取政权，但不久被赶下台。数年后，他通过政治联姻重掌政权，但一年后再度被流放，逃亡到希腊北部。他在那里继续经营，十年后，他借助外邦雇佣军攻入雅典，成为雅典的僭主。像很多僭主一样，庇西特拉图推行有利于工商阶级和平民的政策，兴建公共设施，鼓励文化发展，设立了狄奥尼索斯节庆，在节庆期间举办悲剧比赛，雅典的悲剧创作由此兴起、繁荣。他建立了好几片殖民地，与科林斯等一些城邦建立了亲善关系，在另一些城邦扶植亲雅典的僭主，大大扩展了雅典的势力。

庇西特拉图死后，他的子嗣继续掌控雅典政权，并继续推行他制定的治理方针，减轻下层阶级的税收，鼓励工商业和文化的发展。但他们逐渐面临更加困难的局面。庇西特拉图家系是从显贵家族中夺得统治权的，这些贵族或被杀死或被流放；局势稳定之后，庇西特拉图家系尝试与这些显贵家族缓和关系，他们的举措虽取得了一定成效，但传统名门仍然不忘夺回统治，他们获得了势力正在扩张的波斯人和斯巴达人的支持，并且从很多雅典人那里得到支持——尽管多数雅典人在僭主统治下生活得到了改善，但如前所说，他们仍然因僭主统治而感到不自在，为自己的政治权利被剥夺而愤愤不平。公元前 514 年，两位青年刺杀了当时执政的希帕尔库斯。这次行刺并非出于政治动机，却激化了政治斗争，几年以后，雅典人在斯巴达军队的支持下推翻了僭主统治。

随之而来的是显贵家族对政权的激烈争夺，克里斯提尼一方在争夺中胜出。克里斯提尼出身雅典最显贵的家族，但他是依靠民众力量取胜的。克里斯提尼进行了全面的立法改革。他重新划分了雅典的部落，增加了公民大会和常设公民议事会即"五百人议事会"的权力。僭主统治被推翻了，但数十年的僭主统治深刻地改变了雅典。僭主们为夺取政权和维护其政权，沉重打击其贵族政敌，各系贵族及他们背后的氏族传统势力大大衰落，松解了对雅典政治和普通公民的控制。克里斯提尼改革在这样的背景下取得了巨大的成功。此后，雅典的政体形式基本保持稳定。

促使雅典不断走向更全面的民主制有多种社会因素，这里不及备述，只说说战争方式改变的影响。最初，是贵族们坐在战车上、骑在战马上打仗。蓄养战马相当昂贵，战车只有贵族才可能养得起，因此，决定一场战争胜负的主要是贵族。后来，决定战争胜负的主要力量是重装步兵。重装步兵多半来自有财力购置铠甲、武器的殷实农户，他们相应地在城邦事务中获得了更大的发言权。而从希波战争开始，海军对于雅典变得越来越重要。重装步兵为雅典赢得了马拉松战役，而雅典海军赢得了萨拉米斯战役。水兵桨手无须购置重型装备，多半来自平民。"这些出身卑微却在萨拉米斯战役中拯救了雅典的人，开始在雅典产生了一种决定性的影响。"*雅典民主化格外彻底，这是一个重要的因素。

近代学者热衷于研究雅典的民主制度。古代世界在在可见的都是君主制，民主制则不那么常见。固然，也有不少施行民主制度的其他希腊城邦，如米利都、梅加腊、萨摩斯等很多重要城邦——它们有的在雅典之前就已经施行民主制，有的则在雅典影响下采用民主制，但雅典的民主制最为典型，其细节也为后人了解最多。民主是近世西方的主流，自然而然，史

---

* 雅克琳娜·德·罗米伊：《希腊民主的问题》，页 75。

家也对这一制度的古代前身兴趣浓厚。

在克里斯提尼改革后的雅典，18岁以上的男性成为公民。所有公民皆可参加公民大会。公民大会每年举行10次到40次，每一次通常有两三千人参加。公民大会选出执政官等官员，审查现任官员并决定给予奖励还是惩罚。这些官员管理城邦的日常行政事务，但重大决策需公民大会投票决定。公民大会审议各种提案，决定各种法令——从是否要为一位在奥林匹亚赛会上优胜的公民建造雕像到开战还是媾和，有论者简明概括："公民大会决定一切。"公民大会在大多数城邦都握有重大权力，但行使权力的方式有很大差别。例如，上一章说到，斯巴达的公民大会通过表决体现其决定权，而雅典的公民大会则更突出自由辩论。与会者皆可发言，当然，实际上发言的通常只有某些积极公民。参与辩论比单纯表决要求公民更深入地理解政治分歧背后的复杂理路，即使只是聆听，与会者也会对公共事务有更全面的了解。同时，演说术和辩论术成为政治人物的一项重要技能。

公民大会之上是五百人议事会（boule），一年一选，成员由抽签产生。早先，所有公职都没有薪酬，后来，为吸引下层人众中的有意者参与城邦管理，城邦开始向在任官员支付薪金。议事会每月召开一次，遭遇重大事件时临时召集紧急会议。议事会提交提案，由公民大会讨论和决定。

前面说到，雅典一开始是个王国，后来，国王身边多出了从贵族中遴选的执政官，他们的人数逐渐增多，最后达到九位。执政官的权力逐渐增重，国王的权力相应受到限制。候选人的资格逐渐放宽，早先，执政官多半是从贵族家族里选出来的，到公元前5世纪，实际上所有公民都有被选举的资格。执政官由选举产生也改为由抽签产生——选举法有利于有钱有势的或知名的上层人士，抽签法则更有利于平民参政。另一方面，执政官的任期逐渐缩短，先从终身制减少到十年，最后是一年一选。

执政官之外还有十位将军，由全体公民选举产生。由于将军由普选产生，他们往往是比执政官更具政治声望的人物，于是，对那些有志在政坛上发挥作用的人士，当选将军逐渐变得比当选执政官更富吸引力，原来为军事目的设置的将军职位也演变成最重要的政治职位。

有古老传统的战神山议事会这一机构仍然保留，仍然是由卸任的执政官组成并享有极高的权威，不过，由于公民大会和公民议事会的权力扩大，长老院的权力相对缩小了。

格外值得说道的机构是法庭。雅典法庭已初具现代法庭的模样，法庭在雅典政治生活中具有极其重要的作用，乃至有论者认为，"法庭而非公民大会才可被称为政府权威主体"。雅典的审判法庭是名副其实的"人民法院"——审判员从自愿申请的公民候选人中抽签选出。审判团的人数依案件性质不同，一般的民事案件通常有 201 位审判员。在伯里克利主政时期，城邦开始为审判员支付一定的薪金，这一举措无疑有利于下层人众参与城邦事务，但有些穷人为贪图一份收入而来，这降低了审判团的品质。不过，审判的全过程都在全体公民的眼皮底下进行，如一位雅典论者所称，审判员自己也在接受其他公民的评判，审判员时刻记得这一点，不能不谨慎对待自己的一举一动。

至此，雅典建立了全面的民主制度。前面说到过，各城邦的政治制度形形色色，若不加细致分类，大致可分成贵族掌权和平民掌权。王制、贵族制都是古老的制度，民主制则是后起的制度。民主制并不是天然优越的制度，相反，"民主是一种十分纤弱的东西，它由许许多多细小而脆弱的机制和实践所构成"。一个健全、稳定的民主制需要一些重要的前提条件。"最先出现的是宪政、法治和分权。民主几乎总是最后出现。"* 在转向民主制的过程中，贵族和平民之间的斗争起起伏伏，始终不断。好在这些斗争没有发展到你死我活的地步。在变革过程中，雅典涌现出一个又一个胆识过人的政治家。雅典公民具有较为圆熟的政治见识，平民、贵族双方都较为自制，甚至僭主也相对温和。我前面表达过这样的想法：一种制度若得久长，不仅在于制度设计得相对合理，还需要制度中人爱护这种制度，善加对待。每一种制度都难免很多缺陷，即使一开始设计良好的制度也会随着时势改变而出现漏洞。雅典人和斯巴达长期保持它们的强邦地位，这当然有赖于它们

---

* 托尼·朱特，蒂莫西·斯奈德：《思虑 20 世纪》，苏光恩译，中信出版集团，2016 年，页 341。前一句引文是斯奈德说的，后一句是朱特说的。他们在这里讨论的是近代民主制，但对古代民主制也大致适用。

的制度设计，但更重要的是城邦人热爱自己的制度，善处自己的制度。不管因果何如，雅典走向强盛与它的民主化过程同步，雅典人爱护他们的制度，克制自己不去滥用这种制度，例如，贵族阶层反对民主化，很大程度上是由于他们担心平民掌政会通过法令剥夺他们的财产，但这在雅典历史上从未发生过。雅典的显贵阶级绝大多数时候安于民主制度，这是一个很重要的原因。约西亚·奥博在陈述这一事实后补充说："虽然雅典人关心保持政治和法律的平等，但他们从未相信公民的经济平等这种信念。"*

雅典是古代民主制的典范，其民主化很彻底，同时，制度相对完备，大致顺畅地运行了数个世纪。当然，它不是一个完美的制度，无论在当时还在后世都遭到多种多样的批评。一个突出的缺陷是：所有政治事务都交由公民大会决定，为了获得群众的支持，领袖人物不得不顺从群众的看法和情绪，然而，大多数公民并不谙熟政治事务，而且，群众在集会时往往比平时更多受到狂热情绪的影响。这种情况在雅典的历

* 约西亚·奥博：《民主雅典的精英与大众：演说术、意识形态和人民权力》，何典译，郑州大学出版社，2022年，页241。

史中的确多次出现，有时给雅典造成巨大的损失。但总体说来，雅典民主制极为成功。公元前 6 世纪，雅典城邦总体上欣欣向荣，经济、文化形势不断改善，在与邻邦的战争中表现优异，在希腊诸城邦中的地位不断提升。日后，在抵抗波斯入侵的希波战争中，雅典发挥了领袖作用，在对抗斯巴达集团的伯罗奔尼撒战争中，雅典功败垂成。取得这些成就，梭伦、克里斯提尼、伯里克利等伟大的民主政治领袖功不可没，但更多要归功于雅典公民的政治素质。雅典民主是渐次扩展的，在这个过程中，民众的民主精神和技能一步步得到提升。大多数重大而复杂的问题——决定宣战还是求和？开战的话，出动多少兵员，拨付多少经费？和议的话，己方要提出哪些条件，接受或驳回对方的哪些条件？——都需要在当天的公民大会上做出决定，有鉴于此，我们不能不佩服雅典普通民众对政治事务的熟悉和理解。雅典民主采用的不是代表原则而是轮换原则，大多数职务是抽签产生的，但这些"随机"当值的公民大致上稳稳地把握住了这艘大船的航向。

第十一章　希波战争

翻看历史，先后有不少王国称雄西亚，前面曾提到古巴比伦王国、赫梯帝国、亚述帝国、新巴比伦王国；现在轮到了波斯人。公元前8世纪，波斯人从伊朗高原西北部南下，进入埃兰人地域，成为这片地域的统治者，继而建立了自己的王朝。公元前559年，居鲁士二世即居鲁士大帝继承波斯王位。居鲁士大帝先后攻灭了米底、吕底亚、新巴比伦，征服了东北方的土著部落，在那里兴建了马拉坎达（后来的撒马尔罕），它在今后两千多年一直是中亚地区最著名的城市。波斯是第一个真正的世界帝国，东起印度河流域，西至地中海。

史家一般认为，以古代标准衡量，居鲁士的统治极为宽大。此前，亚述帝国的统治极为残暴。取而代之的是新巴比伦帝国，在尼布甲尼撒二世治下臻于极盛，他与埃及争雄，把帝国的统治扩展到巴勒斯坦地区。他攻陷耶路撒冷，洗劫犹太人的圣殿，将城市夷为平地，把犹太人迁往巴比伦。以当时的标准衡量，新巴比伦征服者的行径算不上格外残暴，不过，在犹太人的记忆中，尼布甲尼撒二世成为暴君的代名词。犹太人背井离乡，在巴比伦河边哭泣，怀念他们的锡安旧地。实际上，我们所知的犹太教正形成于"巴比伦之囚"的那两三代人。居鲁士攻灭巴比伦后，允许犹太人还乡，重建耶路撒冷圣殿，被犹太人视作异族统治者中的仁君。

此前，吕底亚已经把东希腊的不少城邦纳入其治下。吕底亚国王克罗伊索斯相当开明，对希腊城邦颇为亲善，他并不直接统治这些城邦，而是扶植了一些僭主来统治这些城邦。现在，居鲁士大帝取代吕底亚人成为这些城邦的共主。他知道希腊人珍视政治独立，继承了克罗伊索斯所采用的开明的间接统治。虽然波斯统治相对宽容，爱奥尼亚的希腊城邦仍时不时揭竿而起，争取更完整的独立。公元前499年，米利都的僭主阿里斯塔哥拉斯带头反叛，众多爱奥尼亚城邦起而响应，掀起了大规模的叛乱。当时的波斯王大流士一世前往镇压，却未能迅速平定叛乱。

阿里斯塔哥拉斯首先向斯巴达求援。斯巴达是希腊世界战斗力最强也最有权威的城邦，且一直仇视波斯，但斯巴达人不喜欢轻启战衅，更少远途奔战，他们拒绝了爱奥尼亚人的请求。阿里斯塔哥拉斯又到雅典求援，雅典派出了援兵。本来，在希腊城邦中，雅典与波斯走得比较近，但最近一段时间则与波斯有几桩争议，而且，雅典人与爱奥尼亚人族系更为亲近。希腊一方曾一度占优，占领并焚毁了波斯的地方首府萨第斯。战争持续了六年，希腊人最后败给了强大的波斯。波斯人对爱奥尼亚城邦施行了残酷的报复，不过，局势稳定之后，波斯人缓和了他们的政策，并不再扶植自己亲信的僭主来进行统治，很多城邦的民主制得以恢复。

爱奥尼亚叛乱前后的几十年里，波斯帝国一直在扩张。居鲁士大帝的继承人冈比西斯征服了埃及，冈比西斯的继承人大流士一世则吞并了阿拉伯，并派出他的军队建造浮桥，越过博斯普鲁斯海峡侵入欧洲。平息了爱奥尼亚叛乱之后，大流士一世报复雅典人心切，西征之意更加坚定。最初的尝试因遭遇飓风等原因流产。公元前490年，大流士再次举兵，横渡爱琴海，攻入希腊本部东面的大岛埃维亚。即使在波斯军队发起远征之前，不少希腊城邦已经向波斯的使者表明臣服，而那些立志抵抗的城邦则逐一被波斯人攻陷，遭到了严酷的惩罚。波斯大军随后挥师雅典——入侵的主要目标。雅典人在马拉松平原上迎战波斯军队。大约一万重装步兵面对人数远为众多且已经占据有利地形的波斯军队，雅典的十位将军为是否发动进攻争执不下。主战派取得微弱多数之后，雅典军队发起了进攻，一场艰苦的鏖战之后取得了胜利。著名悲剧作者埃斯库罗斯和他的兄弟都参加了这场战役，他的兄弟战死沙场。传说，擅长长跑的战士菲迪皮德斯受命传告马拉松战役的喜讯，他一口气跑回雅典，报告结束之后就倒地身亡。马拉松距雅典42公里，这就是马拉松长跑比赛的距离。

被击溃的波斯军队登上了停在马拉松沿海的波斯舰船，转而去进攻雅典城。得胜的雅典军队立刻赶回雅典城。当波斯军队看到对方布防严密，便放弃了攻占雅典城的计划，掉转船头回航亚洲。马拉松战役是世界史上的著名战役，希腊人获得的光荣胜利大大提升了希腊人的士气，鼓舞了他们抵抗波斯的信心。

那时候，波斯帝国正如日中天，从波斯王的眼光看来，希腊只是地处世界边缘的一堆蕞尔小国。米利都、雅典，以城邦论，都颇为繁荣、强盛，置于巨大的波斯帝国之侧就显得微不足道了。伟大的波斯竟败在这些小城邦手下，是可忍孰不可忍。大流士立志复仇雪耻，可惜壮志未酬身先死。其子薛西斯一世继承了乃父的未竟之志，整顿武备，准备征服希腊。希腊人也知道，波斯虽然遭受挫折，但不会善罢甘休，同样积极备战，雅典人尤其积极。本来，希腊人受到强邻威胁和欺负，首先会求援于斯巴达，但在过去这段与波斯对抗的时间里，雅典像斯巴达一样表现出勇武善战，这一方面提高了雅典在希腊城邦中的威信，另一方面更容易成为波斯报复的对象。幸运的是，正在这个时候，雅典的劳里昂银矿发现了一支富脉。雅典当时的政坛领袖是地米斯托克利，这位富有远见的政治家说服了公民大会，用雅典迅速增长的财源建造起一支庞大的舰队，为迎击波斯的再次入侵做好准备。斯巴达则一直是波斯的死对头，战争爆发前夕，有大约 70 个城邦会聚斯巴达，同意结束它们之间的纷争，成立了抗击波斯的希腊人同盟。斯巴达是盟邦的当然领袖，但斯巴达人英明大度，在同盟委员会里，每个城邦一票，少数服从多数。

公元前 480 年，薛西斯一世亲自率领一支庞大的军队入侵希腊。这一边，希腊人同盟会聚科林斯，商讨御敌之策。会议接受了希腊北部色萨利人的请求，派遣一支重兵经海路去援助他们，但到达那里以后，发现色萨利平原的地形十分有利于波斯骑兵作战而不利于己方的重装步兵，这支援军于是撤回科林斯地峡。色萨利人无力独自御敌，向薛西斯一世输诚。希腊北部和中部的其他邦国也很快投降了波斯。

据史家估计，波斯军队的人数多达二三十万，这支大军一路战胜攻取，来到温泉关下。温泉关与大岛埃维亚北端隔海相望，是扼守南希腊的最重要的隘口——悬崖峭壁和大海之间的一条狭窄通道，长达两公里，最狭窄处只有几米宽。据希罗多德记载，希腊方面有 7000 士兵，其核心是斯巴达王列奥尼达率领的一支 300 人的先遣队。开战之前，波斯王劝希腊守军投降，他说，波斯兵多得数不清，射出的箭矢能把太阳遮住，斯巴达人回复说："那太好了，我们可以在荫凉里厮杀了。"

波斯军队人数虽多，但要攻克温泉关，他们的骑兵完全派不上用场，步兵也只能一波一波冲锋。波斯人连续进攻了两天，在英勇善战的希腊人面前寸步难进。这期间，波斯人获知有一条小路可以越过山崖绕到温泉关南边，于是立刻派遣了一支精锐部队出发。希腊人在这条小路上也布置了防军，但波斯兵打败了他们，绕到了希腊守军的背后。列奥尼达得知这一事态之后，让其他分遣队撤离，只留下斯巴达人，但有几支分遣队不肯离开，誓与斯巴达人共存亡。腹背受敌，已经无险可守，在阵地前方和后方，希腊人投入了决死的搏斗，战死到最后一人。希波战争结束后，希腊人为斯巴达勇士竖立了纪念碑，上面的铭文写道：

过路人啊，去告知拉刻代蒙人 *，我们遵从他们的嘱托，长眠于此。

* 即斯巴达人。

我们曾说到荷马笔调的平实，这份铭文再次印证了希腊人的朴直。

攻克温泉关之后，薛西斯整顿旗鼓，向雅典挺进。大军压境，希腊人没有丧失斗志，毕竟，在温泉关下，波斯陆军折损了两万名战士，庞大的波斯海军到此为止也在海战和风暴中损失了一半战船。同时，希腊人清醒地知道自己仍然处于劣势，不得不暂避锋芒。希腊人同盟决定退守至科林斯地峡死守，保卫伯罗奔尼撒。与之配合，全部舰队集中在萨拉米斯海湾，在那里迎战波斯海军。这样一来，雅典所在的阿提卡平原就暴露在薛西斯面前。战神山议事会做出了一个痛苦的决定：放弃雅典城，全部适龄公民参战，其余居民尽数上船，转移到萨拉米斯岛等各处。雅典成为一座空城，只有极少数雅典人坚持不肯离开。波斯军队开进雅典城，屠杀余众，劫掠神殿，然后付之一炬。

希腊人同盟之所以把舰队停泊在萨拉米斯海湾，是因为这个海湾的入口相当狭窄，不利于波斯大舰队的活动。9 月的一天拂晓，波斯海军发起了进攻。上千艘战船通过狭窄的入口涌入海湾，难以保持队形，冷静的希腊海军等待敌船陷入混乱的时候发起攻击，他们用结实的三桨座船的冲角撞击波斯战船，当两船挨上的时候，重装的水兵和船载步兵跳上敌船，用长矛和匕首攻击敌人。波斯人勇敢抵抗，却渐渐不支。当他们试图撤出海湾的时候，却被自己的后续船队堵住了退路。波斯王薛西斯在海湾东侧的高坡上设置了龙椅，亲自指挥战事。他本希望亲眼看到希腊海军的末日，却眼睁睁看着自己的船队被打得七零八落。

希腊人在萨拉米斯海战中大获全胜。这场海战是世界上第一次大规模桨船队之间的较量，也是世界海战史上以少胜多、以弱胜强的典型战例。现代希腊海军为纪念这一胜利，每年 9 月 20 日举行纪念庆典。回到当时，这场海战是希波战争的转折点，被重创的波斯海军失去了海上控制权，无法为庞大的远征军提供补给，薛西斯不得不下令撤退大军，但仍留下一支强大的陆军，由马铎尼斯率领，驻扎在普拉提亚。

第二年夏末，以斯巴达军团为核心的希腊联军与驻扎在普拉提亚的波斯陆军进行了一场对战，其结果是波斯人被彻底击败。在这场规模巨大的对战中，普拉提亚人表现得格外英勇，整个地区遭受了惨重的损失，为了表彰普拉提亚人的贡献，斯巴达人率希腊联军立誓保障普拉提亚城邦永续。

希腊联军在随后的一系列战斗里把波斯人逐回亚洲，并解放了长期在波斯人统治之下的爱奥尼亚。那时，波斯是世界上疆域最辽阔、财富最丰沛、军事力量最强大的国家。与波斯帝国相比，希腊城邦只是一些各自为政互相之间争斗不息的小城邦。然而，在这场史无前例的大战中，希腊人居然战胜了波斯，不啻一个奇迹。希腊人有很多可以自豪的，马拉松、温泉关、萨拉米斯、普拉提亚，每一次他们面临的都是更为强大的敌手，每一次他们都英勇作战，或以少胜多，或虽败犹荣。尽管希腊人并不像今人这样把战争刻画成正义和邪恶的较量，圣化己方丑化敌人，但希腊人的确是在抵抗波斯的入侵，是为保卫自己的独立自由而战，他们的胜利正是自由城邦对专制帝国的胜利。从此之后，希腊的自由城邦精神以各种各样的形式一直留传在西方历史之中。

希波战争时期的波斯处在居鲁士大帝开创的伟业之中，不仅疆域辽阔、实力强大，而且远较以往的帝国宽仁，创造出辉煌的文明。在波斯的宫室建筑、黄金珍宝、皇家礼仪面前，希腊人就像边穷地区的野孩子，他们拥有的，是热爱自由的心灵。在这场世纪大战中，他们靠朴直、勇毅、自律这些优秀品质胜出，这样的胜利不仅让希腊人免于向他人俯首称臣，而且促成了精神领域的旺盛发展。

第十二章　鼎盛的古典

希波战争前后是希腊城邦的鼎盛时期。人们常说，希腊是个奇迹，这可以指希腊的方方面面，而最显著的，是希腊在精神创造上取得的成就。举凡诗歌、悲剧、喜剧、历史写作、哲学、瓶画、雕塑、建筑，希腊人都达到了不可思议的高度。

希腊是一个诗歌的国度。我们已经讲述过荷马的世界，但几乎没有谈及荷马史诗的艺术维度，而这是后世诗人、作家取之不尽的艺术宝库。我们提到赫西俄德，却没有提到萨福，世界上第一位留下名字的女诗人。"人们认为，世上的第一美景是舰队、马群、骁勇的武士，要我说，你所爱的，就是世上最美的。"是的，她不像荷马那样歌颂英雄的荣耀，也不像赫西俄德那样宣扬善良，而是在遥远的古代吟唱细腻婉约

　　　　　　　　　　　　　希腊别传

的个人情感，成为抒情诗的源头。我们没有提到品达，与萨福相反，他的颂诗雄浑高亢，恰适配他所歌颂的体育赛事优胜者。

古典盛期，诗歌是与悲剧联系在一起的。希腊涌现出一批杰出的悲剧诗人，留下很多名剧。这里只说其中的一部：索福克勒斯的《安提戈涅》。

俄狄浦斯死后，他的一个儿子厄忒俄克勒斯成为底比斯（也译为"忒拜"）国王。他的另一个儿子波吕涅刻斯争夺王位，率领阿尔戈斯人的军队攻打底比斯城，结果双双死于决斗。于是，王位落到他们的舅父克瑞翁的手里。他下令以国王的礼仪安葬厄忒俄克勒斯，但波吕涅刻斯是城邦的敌人，任何人不得安葬，任其尸体留给猛禽和恶犬去撕咬。安提戈涅是俄狄浦斯的女儿，出于对血亲的情义，她违抗法令，决定埋葬哥哥波吕涅刻斯。面对克瑞翁，安提戈涅说道："我不认为一个凡人下一道命令就能废除天神制定的永恒律法。"克瑞翁坚持城邦秩序为上，下令把安提戈涅囚闭在一个石窟里。他的儿子海蒙是安提戈涅的未婚夫，站在安提戈涅一边，指责父亲独断专行，塞耳不听城邦公论。父子争吵无果，海蒙赶向囚闭安提戈涅的石窟，但安提戈涅此时已经自尽身亡。克瑞翁终于反悔，也赶到那里，海蒙却当着父亲的面自刎在安提戈涅身旁。消息传到宫廷，克瑞翁的妻子也自杀了。

前面说到，追求卓越是希腊人的一个特质。但不消说，卓越，或 arête，其内涵会不断变化。在荷马那里，卓越跟高贵的出身连在一起，到古典时代，这层联系松解了，卓越更多体现在个体对城邦的顾念和贡献中。我们无法用德性或道德来看待荷马英雄的卓越，却时常可以这样来看待希腊悲剧中的角色。希腊悲剧的主题多种多样，其中一个主题就是今人所谓道德两难。

依照黑格尔，存在着不同的正义理念，它们的冲突和矛盾在现实生活里是无法完全消弭的。《安提戈涅》表现的正是两种正义理念之间的矛盾——克瑞翁代表的是城邦正义，安提戈涅代表的是血缘亲族理念。西蒙·戈德希尔从 philos 即友爱与 ekhthros 即私仇之恨的视角发展了黑格尔的解读。安提戈涅代表亲族之爱，与荷马一脉相承——在荷马那里，英雄们爱亲族爱故乡，却没有城邦之爱。与之对照，"对克瑞翁来说，友爱的基础是城邦而不是家族"*，"而城邦政制本身便是依靠着超越家族和氏族的友爱纽带而建立的"，但这两种立场各自也包含着自身的矛盾——安提戈涅坚持家族伦理，但她的坚持恰恰导致她以处女之身死去，如 Antigone 这个名字所示，中断了俄狄浦斯的亲族血脉**；克瑞翁所设想的，是权威从家族到城邦的简单延续，这一设想"不仅因为先前关于家族纽带和公共义务的争论而变得自相矛盾，也在争辩中被迫变成了极端的僭主独裁"。由是，《安提戈涅》揭示的不止是家族伦理与城邦正义之间的矛盾，它更进一步质疑了"个人在城邦和家族的冲突中保持稳定立场的可能性"。

这里提到的当然只是《安提戈涅》的众多解读中的两种。而且，若要了解这部戏剧，只有去读剧本、观看演出。你看到的不会只是一个主题。随手引一段台词吧，"奇异的事物不计其数，但没有一件比

---

* 西蒙·戈德希尔：《阅读希腊悲剧》，章丹晨、黄政培译，生活·读书·新知三联书店，2020 年，页 153；后面三句引文分别出自该书页 158—159、165、172—173。

** anti 意为"反"，gone 意为"种子、后代、家族"。

得上人类。人在狂暴的南风里冲入汹涌的波涛，在灰暗的大海上渔猎……人创造了语言，从而把思想转变为声息，他们还拥有了足以在城邦中共同生活的心智"。这里引的两句来自一大段被称作希腊"人颂"的台词，凡论及希腊的人文精神，都会引用这段话，在暴风与大海之中，人好渺小好脆弱，但希腊人对人充满信心。

希腊诗歌里有豪情，有欢乐，有悲伤，也有美狄亚那样的疯狂，但无论什么感情，诗人总是以平实的诗行出之。依迪丝·汉密尔顿曾比较欧里庇得斯的《特洛伊妇女》和塞内加的《特洛伊妇女》中相应的场景。在欧里庇得斯笔下，赫克托耳的母亲赫卡柏涕泣悲歌：

我是谁？在这里，坐在一个希腊国王的门前——
我是个无家可归的女人，
独自为自己的死亡哭泣
……
死亡与生命不同。死亡之杯，

空无一物，生命则充满希望。

塞内加笔下的赫卡柏这样吟唱：

> 现在，高大的栋梁断裂倒塌——强大的亚
> 细亚倒下。
> ……
> 伟大的英雄，我的孩子们：请证明我，
> 赫卡柏，当初预见了这所有的灾难。
> 我最先预见这一切，
> 听说希腊将领谁都不愿抽签得到她，
> 他们怕我！我一个人就让希腊人害怕。

即使透过翻译，我们仍能感到一点儿希腊人那种就事论事的风格。

戏剧是希腊生活的一个重要组成部分。很多节庆都以戏剧为核心。我们今天到希腊去旅游，即使浮光掠影，也不禁对希腊剧场叹为观止。剧场是露天的，一圈圈石凳依一个小丘缓缓升起，就像生长在天

光之下土地之上。大型剧场可容纳两万人之众，一个城邦的人口不多，相形之下，剧场的规模就格外可观。我们看到，本邦人、外邦人，有时还有妇女儿童，坐满了这些石凳。剧场下端的圆形舞台上正在演出。没什么道具[*]，舞台上只有演员。演员都是男性，少则一人，多则三四人，或朗诵，或对白。没有音响设备，剧场的优异设计把演员的声音传到数十米以外的高处。当然，这也要指望观众不事喧哗。主要演员之外还有一个歌队，时而咏唱，时而起舞，或与演员对话，或以旁白的形式赞叹、议论、批评。歌队的评论多半代表城邦的立场。歌队也会讲述舞台之外发生的情节，借以推动剧情的发展。

在酒神节这样的大型节日里，戏剧演出一连持续五天，前三天演出悲剧，每一天演出三位中选剧作家之一的三部悲剧，随后以一部戏谑讽刺的萨堤尔剧结束。后两天演出喜剧。悲剧演出的都是"重大题材"：人和城邦的命运，政治和自然感情的冲突。喜剧嬉笑怒骂，荒诞不经，不少台词不堪入我们现代人

---

[*] 后来，可能是欧里庇得斯，发明了降神的机械，deus ex machina。

的耳朵，但它们讨论的同样是公共场域的大问题：战还是和？应当接纳种种开化的新观念抑或应当保守古老珍贵的传统？舞台上没有声光电色来吸引观众，甚至也没有多少引人入胜的情节，剧目中那些神话故事观众早已耳熟能详。观众不是来看热闹的，他们来跟剧作家一起思考公共话题。这些话题并非仅仅隐含在故事之中，并非用哪一句箴言点出，让人顿生领悟。演员在舞台上大段大段讨论和说理，曲曲折折，探幽入微——这与荷马史诗完全不同，在荷马那里，从没有大段的说理。这些话题含义深刻，往往相当复杂，而现场聆听这些话题的是成千上万普通民众。好在希腊人比我们更习惯聆听这类讨论。他们一年里多次参与公民大会，那里的场景与剧场颇多相似之处，只不过，戏剧是"艺术作品"，它重新凝练现实生活，把它拉到一定距离之外，观众可以多多少少置身事外来观看它，从而能从更多侧面来看待和思考现实中的问题。

有论者把成熟的城邦称作"话语的城邦"，这当然不是说希腊人只说不做——勇于任事是希腊人的突出特点，这是说，希腊人在有所理论的层面上行动。

与小说、电影不同，戏剧主要是由话语构成的。无论后世批判逻各斯中心主义有没有道理，无论图像时代多么色彩斑斓，希腊心灵最重视的，的确是话语。有人说，戏剧是展现行动的，这也对，但在戏剧里——尤其在希腊舞台上——行动是用话语说出的，动作很少，演员通常并不模仿现实生活里的动作，杀戮一类引发感官刺激的场景更是绝无仅有。心理活动则完全由对白展现——演员戴着面具出场，并不展现表情。希腊戏剧是现实主义的，但它们并不模仿现实。

再现日常生活从来不是希腊作家的题材，他们更想不到要表达自我。戏剧是公民教化最重要的场所。不谈内容，单说场景：读小说是一个人自己阅读，电影院里有很多观众，但每个人仍然是自己在观影，而在戏剧演出中，是舞台上的真人在对观众说话，对在场的所有观众说话，观众就通过这样的现场的说与听联系在一起。戏剧之为教化这一观念有长久的影响，我们记得，歌德和席勒为建立德国人的剧场投入了多少心力。剧本是他们创作的大宗，《浮士德》大概是文学史上精神内容最为宏富的诗剧。很多希腊戏剧直到今天仍在世界上不同地方上演。我曾到圣托里尼岛旅游，到达当晚就有朋友带我去观看阿里斯托芬的《鸟》。台词我一句都听不懂，只能凭记忆跟随剧情的进展，或者东张西望，看到观众里有不少聚精会神的少年。

希腊的建筑和雕塑登峰造极，但恕我略过不表——我所能说的都过于表浅。说几句我略知一二的历史写作。希罗多德的《历史》是西方的第一部史书。这部著作大致可以分成两个部分，第一部分讲述波斯帝国的兴起和扩张，并围绕这条主线讲述了吕底亚、埃及、利比亚等波斯周边国族的历史和种种传说，第二部分讲述希波战争，今人谈及这场大战仍主要依赖这部著作。合而观之，这部大著作旨在探究"许许多多的民族怎样生活？他们如何兴起？不同的民族又各自面临着怎样的难题，他们又是如何解决的？"*人对人类的历史、自己族群的历史一向怀有浓烈的兴趣，这种兴趣充溢在神话和传说之中。那里，真实历史和神话混糅莫辨。历史书写者的责任是把两者加以区分。从现代史学眼光看，希罗多德的写

---

* 克里斯蒂安·梅耶:《古希腊政治的起源》，王师译，华东师范大学出版社，2013年，页359—360。

作还不够严格，他有时过于轻信，把传说误当成真实发生过的事情。但何必春秋责备贤者，希罗多德像太史公一样，四处游历，探访古迹，倾听某一传说流行地的本地知者，请教某一事件的当事人和亲历者。一个掌故有两三个版本，他考辨源流，择其善者而从之。他分析权衡，告诉我们哪些掌故颇不可信，若无从判定，他会申明某个故事是他听来的，其真伪难以明辨。history 的本义是研究，有别于神话和传说的讲述，有别于意识形态的宣传，以这种研究态度来记述历史，正是从希罗多德开始的。第二位希腊史家是修昔底德，他小希罗多德二十来岁，在伯罗奔尼撒战争中曾出任雅典的将军，他的《伯罗奔尼撒战争史》记述并讨论了这场战争的前二十年。很多论者把他推崇为西方一直以来最伟大的历史学家。仅以严谨一项论，古代史家就无与畴匹，以一斑为证：这部史书中记载的一些条约的内容与后世考古挖掘出来的铭文若合符节。

人关心自己的历史，也以同样的好奇关心宇宙，关心天上的星辰。希腊天文学最初是从占星学开始的，其主要观念来自巴比伦。但希腊天文学逐渐转向对宇宙真实结构的探究，到了古典盛期，星相学变得十分边缘，柏拉图、亚里士多德几乎不谈论星相。在认识宇宙的真实构造方面，希腊人获得了众多成果。这里只提一点：希腊人认识到地体是一个圆球。我们可不要以为这简单无奇，尽管地体是个圆球是希腊人的一个常识，世界上其他地方的人们直到西方科学传播开来之后才知道"地球"这回事。

希腊人是怎么达到这一认识的呢？他们在山顶上看见船只远去的时候，桅杆并不是一点点变小最后看不见了，而是在不远的地方就沉入大海，由此可见地表不是平坦的而是弯曲的。在同一个日子里，不同纬度上插一根同样高度的木棍，影长不同，同样说明了这一点。希腊人已经知道月食是因为地球遮蔽了太阳的光线造成的，而发生月食的时候，月亏的形状是弧线而非直线，这就不难推想地球是圆的。亚里士多德在《论天》中还提出了进一步的现象证据或所谓"感觉感性证据"：我们在南北方向上旅行，所见的星图会有所改变。这不但说明地球是圆形的，而且还说明它是个不大的球体。希腊哲人还从一般的自然图景来论证地球是圆的。在亚里士多德的自然学说中，土和水有向下运动的自然倾向，土石往下面落、水往低处流，久而久之，它们就会大致处在同样的高度上，或说，处在与地心大致相同的距离上，否则按照自然倾向它们就要继续向下运动。土和水向下运动的倾向早晚要把地球造成一个圆球。

希腊人又是怎么知道地球遮蔽了太阳光线造成月食的呢？这是从希腊宇宙图式得出的。在这个图式中，地球处在宇宙的中心，静止不动。天也是一个圆球，所谓"天球"，一昼夜绕地球旋转一周。这被称作"两球理论"。星辰都镶嵌在天球上，所以它们同步旋转。然而，古人很早就观察到，有几个星辰例外，它们与其他星辰的运行不同步。希腊人把它们称作 planetes，漫游者——也许可以译成"漫游星"，中国古代把它们称作"七曜"，今天则称为行星——当然，当代天文学不是从地球视角的表观运动来为天体分类的，不把太阳和月亮混同于行星。七"行星"位于恒星天球和地球之间，每一个镶嵌在自己特有的天球上，这是所谓"多层天球理论"。希腊人通过观察、想象和计算来确定它们的远近排列顺序。有了这样一个宇宙图式，希腊人就可以根据月亮、太阳、地球三者的位置以及月亮和太阳的运行规律来解释和推算月食和日食。据说，希腊第一位哲人泰勒斯已能够预测月食和日食。其他地方的古老文明也能对月食和日食进行预测，但他们是基于过去观测的周期来推算的，不像希腊人那样是依据行星的几何模型来计算。

正是由于大量运用他们已经掌握的几何学知识，希腊天文学很早就形成了一个相当系统的学科，获得了近代天文学之前最出色的一批结论。柏拉图的一位学生欧多克苏斯是当时最优秀的天文学家，他的多层天球设想一直沿用到哥白尼的时代，他根据自己的天球模型估算出行星沿黄道带运转的周期，与现代值非常接近。

我们可以从希腊天文学的发展看到希腊智识的一些基本特征。希腊最初处于智识洼地，她从周边的几个古老文明学到了很多——从巴比伦人那里学到数学和天文学，从埃及人那里学到雕塑和医学，从巴比伦和埃及那里学来几何学。希腊神话的宗教也有外族来源，希罗多德说："几乎所有神的名字都是从埃及传入希腊的。"希腊人的神话，包括早期史诗，也有外族来源，伟大的荷马史诗里闪现着中东更古老史诗《吉尔伽美什》的影子。希腊人是学生，这一点她自己常常说到。希腊人善于学习，她从邻居学到的东西，远远多于邻居从希腊学到的。在所有民族中，希腊人的心智最为自由，而自由心智的一个主要方面正在于乐意向各种文化学习。

不过，这个学生并不满足于照猫画虎，无论艺术还是知识，无论来自何方，到了这个学生手里，就脱胎变骨，呈现出一种新面貌。其一，古代对自然现象的理解多半掺杂浓重的超自然意味，而希腊人则很快走向纯粹自然主义的解释。其二，其他地方的人获得知识往往不脱实用的目的，而希腊人发展出了一种不计功利为真理而求真的哲学态度。

各个文明求取知识，大多着眼于实用。确定历法需要天文学知识，对相信星运的人们，星象学是一门实用学问。几何知识当然也是有用的，埃及人运用他们高超的几何知识来丈量土地*，建筑金字塔，但他们并不关注几何学的原理。希腊人也精通几何学的

---

* geometry 的原义是量地学。

应用，不说别的，单说建筑，像帕特农神殿那样的建筑，各部分的比例关系精妙之极，直到今天还被视作建筑学的典范。不过，对于希腊人来说，像别的学问一样，几何学到了希腊人手里超出了实用目的，成为一门科学。希腊人不断追问各种知识背后的为什么，探究事物终极的 arche，终极原因或原理。围绕 arche，各种知识组织成一个系统。这种系统知识，希腊人称之为 episteme，或哲学-科学。episteme 不以实用为目标，不单单无用于吃穿住行，而且也不能应用到修身养性，但希腊人却把 episteme 视作智性的最高追求，也只有希腊人会去追求这种"为真理而真理"的 episteme。

几何学是系统知识的一个范例。这样一个系统侧重的不是一个三角形与某个三角形物体的联系，而是三角形的方方面面的性质之间的联系，进一步，三角形的性质跟四边形、圆形、立方体、圆柱体的性质的联系。一片知识不是跟它的应用连在一起，而是跟另一片知识连在一起，最后连成一个知识系统。把这些知识连成整体的是证明。希腊人发明了证明。我们今天都很熟悉"证明"这个概念，从小学开始，我们学习的数学和几何都是以证明的方式展开的。我们会想当然认为离开了证明就没有数学。然而，印度人、巴比伦人、中国人都对数学做出了很多贡献，但是在所有希腊之外的传统中，我们都找不到证明的概念。[*]许倬云是中国古代史专家，不是科学史专家，但他也讲了这一点：中国数学没有证明的概念，做数学靠的是习题集，几千道题做下来，你就掌握了各种数学技巧，成为数学专家。

希腊人在精神创造的各个方面都让人叹为观止，上面提到的只不过是其中几个例子。在希腊精神作品中格外触目的是其智性维度。天文学、几何学、哲学，这些不去说它，希腊的文学艺术作品，无论雕塑、建筑还是诗歌、悲剧，莫不有清晰鲜明的形式，莫不闪耀着智性的光芒。老式的美学说艺术的目的是美，人皆有爱美之心，而希腊人的美感自有其特点。被译作"美"的希腊词 kalon 同时也是"值得赞

---

[*] "在整个东方数学中，任何地方都找不到丝毫的证据可以看出有我们所称之为证明的那种东西。"见斯科特：《数学史》，侯德润、张兰译，广西师范大学出版社，2002 年，页 69。

叹的"，而在希腊人眼里，智性阙如的事物不可能是美的，或曰值得赞叹的。反过来，智性本身是美的、值得赞叹的——并不存在芜杂或枯燥的智性。耶格尔更是把赋予清晰形式视作希腊文化的根本追求，不仅在精神作品那里如此，即使说到人本身的教化也是如此——人需要被赋予清晰的形式。

智性是希腊心灵中的突出维度，就此而言，说希腊人推崇理性，把希腊称作理性的黎明，确有所本。希腊几何学通过证明把几何学的知识连成一片，证明当然是典型的理性方法。地体是圆的，这一点无法直接感知——至少在宇航员进入太空之前。古人也无法目测地球有多大。唯理性、推理能成就这些知识。不过，今人说到"理性"，歧义丛生，时时把理性视作感性的对头，甚或成为活泼泼生命的压迫者。而希腊人所谓 nous 或理性者，不是工具理性，不是数码理性，而是"自然理性"。希腊人的理性并不脱离感性。在晚期希腊之前，希腊人说到数学，主要说的是几何学。几何学不同于代数学，尽管它需要通过抽象的、纯粹逻辑的方法才能建立起来，但它仍然面对可见的、具体的图形。数学史家雅各布·克莱因指出："希腊意义上的数学对象即 mathematika 的典型特征是，它们可以被感官以图像的方式来把握，而它们本身在其不变的构造中只有推理的理知才能通达……在每一个个例中，希腊科学的概念都意指个体对象本身。"[*]德国人把 nous 这个希腊词译作 Vernunft，我们把这两个词都译作"理性"，海德格尔则注意到 Vernunft 与 Vernehmen 的词源联系，而 Vernehmen 者，大意是听、听从、感知。对希腊人来说，理性坐落在感性里，与感性协调工作。他们综合种种证据，包括船只远去的时候在不远的地方沉入大海，认识到地体是一个圆球。别的地方的人们不也能观察到这一现象吗？他们为什么没有由此出发去考虑地体的形状？一个原因在于他们不习于借助系统的几何推理达乎感性无法直达的几何结构。

希腊生活的多种特质都有益于在精神领域中的优异创造。希腊人求理解的意愿极强，他们渴望理解自己身在其中的宇宙，理解自己身在其中的社会，想

[*] 雅各布·克莱因:《雅各布·克莱因思想史文集》，张卜天译，湖南科技出版社，2015 年，页 17—18。

知道万事万物和人类种种举措背后的为什么。

希腊人的社会生活也有益于在精神领域中的优异创造。公民大会和审判法庭这类建制让希腊人习于公开辩论。尽管希腊人在很多方面成就卓异,研究希腊思想史的权威 J. B. 伯里仍然断言:"希腊人首要也是最珍贵的成就当数无畏的思想自由。"伯里所说的思想自由可不是斯多葛学派所称的心灵自由——无论社会环境如何,思想仍然可以在内心深处自由驰骋。鼎盛期的希腊人不可能有这样的想法,对他们来说,心智的自由发展要求自由的表达。不敢讲,久而久之也不敢想了,忘了该怎么想。希腊人为自己创造了极难一见的思想-言论自由环境。欧里庇得斯的戏剧是在伯罗奔尼撒战争期间上演的,他在这些戏剧里公然表明他反战的立场。喜剧自然更加放肆,阿里斯托芬可以用他肆无忌惮的嘲弄欢迎苦战归来的将军们。言论自由还表现在另一个方向上:索福克勒斯的很多剧作也是在伯罗奔尼撒战争期间上演的,但它们一句都没提这场决定雅典城邦存亡的战争。相形之下,今天民主宪政体制下的言论自由尚多有不及。

关于希腊的言论自由，读者可以举出很多反例，后面也会说到，阿那克萨哥拉、普罗泰戈拉这些哲人，尽管是当时政坛领袖伯里克利的朋友，雅典人仍由于他们的思想离经叛道把他们驱逐。更有甚者，苏格拉底因"言论罪"被判处了死刑。这些事例当然提醒我们不可把希腊或任何地方想象成言论享有绝对自由的乌托邦。尽管本书不能就这个话题展开深入探讨，但我会在"苏格拉底"一章说上几句。

在希波战争取得胜利之后，希腊人精神昂扬，精神创造臻于鼎盛，雅典的成就格外瞩目。戏剧，前面提到过的埃斯库罗斯、索福克勒斯、欧里庇得斯这三位最著名的悲剧诗人，以及最著名的喜剧作家阿里斯托芬，都来自雅典。说到建筑，我们首先想到的是屹立在雅典卫城上的帕特农神殿，主建筑师是雅典人伊克蒂诺斯，神殿中的巨大雅典娜神像出自雅典人菲狄亚斯之手，这位负有盛名的雕塑家还在奥林匹亚建造了宙斯神像。第一位史家希罗多德晚年定居雅典，第二位史家修昔底德是雅典人。前苏格拉底哲学家倒是没有一个雅典人，不过，到雅典帝国时期，杰出的哲学家多数曾到雅典访问、工作，阿那克萨哥拉是伯里克利的密友，曾在雅典居留三十年之久。苏格拉底和柏拉图是雅典人，把希腊哲学推向巅峰。亚里士多德则在雅典度过了大半生。向下看，哪个时代都差不多，普通百姓过着普普通通的日子，人群中夹杂着坏人烂人，向上看，景观则大不相同。在雅典这一片不很广大的地域上，在一段不很长的时间里，在区区几万人中间，精神创造如此繁荣，结出如此之最值得赞叹的果实。若说希腊是一个奇迹，雅典更是奇迹中的奇迹。雅典一向崇尚文化，精神开放，既吸引了全希腊的很多优秀人士前来，也滋养出自己的杰出精神创造者。希腊人战胜了波斯，希腊人的信心大涨，而雅典更因它在这场战争中做出的贡献而自信满满。

斯巴达与雅典同为希腊的伟大城邦。在希腊历史上，比起雅典，斯巴达在远为更多的时候享有领导地位。然而，我们今天说到希腊，首先浮现的一定是雅典。当时人眼里，事功辉赫，后人眼里，文教绵长。事功即因即果，取效于当时，时光无情，当年的因果湮灭无迹，文教灵犀相通，越千年而愈形彰显。耶格尔说，"每个时代都有因其自身之故而被赞扬的权利，其价值不仅在于它是产生另一个时代的工具。每个时代在历史的全幅图景中的最终地位，取决于它为自己时代的最高成就赋予精神和智力形式的能力"[*]。诚哉斯言。

---

[*] 韦尔纳·耶格尔：《教化：古希腊文化的理想》，第二卷，前言，页5。

第十三章　雅典帝国

在希波战争中，希腊的一些小城邦联合起来，最后战胜了强大的波斯，把波斯人赶出了希腊本土，还解放了米利都、萨摩斯这些爱奥尼亚的城邦。我们还记得，这些城邦曾起义反抗波斯，雅典派去了援军，这是希腊-波斯直接冲突的开始。

战胜波斯以后，希腊民气大大提升，希腊进入了它的黄金时代，政治上、军事上、经济上、文化上，都盛极一时。希腊整体上欣欣向荣，而最为繁荣的是雅典。雅典在希波战争中起到了领导作用，做出了很大的贡献。在希波战争之前，雅典已经是一个强大的城邦，萨拉米斯海战的决胜，以及希波战争的整体胜利，进一步大大提高了雅典的威望，使其成为比肩于斯巴达的领袖城邦。

希腊人在希波战争中的胜利很大程度上归功于斯巴达和雅典同仇敌忾、衷心合作。然而，在战争后期，它们在一些重要问题上，尤其在与爱奥尼亚城邦的关系问题上产生了分歧。斯巴达一向不愿过深涉入亚洲事务，不大愿意把东希腊城邦纳入希腊人同盟，为它们承担更大责任，而雅典则热衷于这样做。波斯人被赶走了，但波斯还是个强大的帝国，仍觊觎着希腊，蠢蠢欲动。小亚细亚沿海城邦和爱琴海岛屿处于第一道防线，它们需要雅典，而雅典也顺势而为，愿意充当东希腊的领袖。公元前 477 年，这些城邦组成一个正式的同盟，总部设在传说为阿波罗出生地的圣岛提洛，故名提洛同盟。这一海上同盟的首要目的是对抗波斯，阻止波斯再一次进犯。雅典握有一半决定权，其他盟邦握有另外一半。每一个盟邦依其实力贡献特定数额的战船和贡金。原则上，提洛同盟是平等城邦间的联盟，但实际上雅典处于盟主地位，而在同盟的发展过程中，雅典获得了越来越大的掌控权。

提洛同盟成立后不久，盟邦之间就发生了一些摩擦。不过，那时候波斯仍是希腊人共同面临的现实威胁，大家都尽量不让摩擦升级，待波斯威胁减弱之后，盟邦之间的摩擦时不时会发展成更激烈的冲突。同时，盟主雅典的行事也变得越来越霸道。公元前465年，雅典要求分享北爱琴海的商业和矿产利益，塔索斯岛不接受这一要求，退出了同盟。雅典派出舰队前往征讨，塔索斯抵抗了三年，最终屈服了，拆除了城墙，交出了舰队，把大量矿藏割让给雅典，这个极为富有并相当强大的城邦日后变成了雅典的附庸。

雅典日益增长的力量引起斯巴达的嫉恨，然而，希波战争之后的斯巴达身边有很多麻烦。它的老对头阿尔戈斯没有投入希波战争，休生养息数年，恢复了相当的实力，重又向斯巴达发起挑战。伯罗奔尼撒半岛上的另一些城邦起而响应。不久，拉科尼亚发生了一次强烈地震，斯巴达遭受了惨重的损失。被斯巴达人奴役的麦西尼亚人和黑劳士趁机揭竿而起。这些灾难和挑战让斯巴达面临灭顶之灾，只好向包括雅典在内的友邦求助。雅典当时的政坛领袖客蒙始终坚持亲斯巴达政策，他说服了公民大会，派兵援救斯巴达。最后，斯巴达平息了反叛，度过了危机，但它一直疲于应付，腾不出身手来干涉爱琴海局势的发展。

在客蒙主导雅典政坛的时期，雅典的霸权势头尚有所收敛，与斯巴达方面也维持着某种亲善合作关系。但客蒙在公元前461年被公民大会放逐，此后的雅典采取了更加大胆的内外政策。梅加腊一直与它的东邻雅典不睦，同时与它的西邻科林斯也矛盾重重，后者不断升级，终使梅加腊脱离了斯巴达同盟，转而与雅典结盟。这一联盟把雅典卷入了与科林斯的对抗，也与斯巴达同盟其他盟邦发生连绵不断的冲突。雅典这时已成为海上霸主，经常派遣海军到伯罗奔尼撒攻战。在北方，雅典军队进入色萨利地区，抢夺那里的粮食、矿产、木材，并因此与当地城邦多次交战。在东方，雅典在塞浦路斯等地与腓尼基人争夺海上控制权。在非洲，雅典人支援埃及对波斯的反叛，进行了六年消耗甚巨的战争，最后以惨败告终。

在提洛同盟内部，雅典的行事也愈发专断。雅典一开始就在同盟中居于盟主地位，但各盟邦保有其独立自主。但如塔索斯案例所示，这种自主颇不牢靠。在这一时期，越来越多的雅典盟友转而采用民主政制，这种改制部分源于雅典民主制成功运作的榜样，但在不少情况下也有雅典的胁迫。很多盟邦在雅典主导的战事中损失严重，但战利品却多一半归了雅典，于是难免啧有烦言。

客蒙遭到放逐之后，民主派势力高涨，更加激进的民主倾向取代了客蒙的温和取向。早已在雅典政坛崭露头角的伯里克利很快成为民主派的领袖。伯里克利出身名门，他与上文提到的克里斯提尼相差两代——他的母亲即是克里斯提尼的侄女。伯里克利是西方历史上最优秀的政治家之一，他具有远大的战略眼光，既习于军事也通晓财政，他富有政治判断力，也能够准确解读民众的情绪，他辩才无碍，总是努力让民众理解他的洞见，以便城邦同心同德制定计划、予以实施，而不是通过阴谋诡计来实施自己的想法。他廉洁刚正，忠心耿耿捍卫雅典的民主制度和城邦利益。无论作为行政管理者、演说家还是将军，他都表现出卓越的才干。他教养极好，自信而坚定，同时亲和、可靠，芝诺、阿那克萨哥拉等著名哲人、史家希罗多德、雕塑家菲狄亚斯都是他私人圈子的好友。

在内政方面，伯里克利剥夺了战神山议事会的大多数权力，把它们转移到五百人议事会和审判法庭。他为审判员发放补助金，以吸引贫穷的公民参与公共事务。后来，各种名目发放的补助金惠及更广泛的雅典公民。在外交方面，他发动了对波斯沿海地区和岛屿的战争，反转了埃及失利之后的海上形势，迫使波斯签订和平条约，正式承认爱奥尼亚诸城邦的独立地位，作为交换，雅典承认波斯对塞浦路斯和埃及的统治。伯里克利还在北部爱琴海建立了一个重要的殖民城邦安菲波利斯，加强了雅典在这一地区的存在。他深入黑海，建立军事殖民地，拓展黑海与爱琴海的贸易，与克里米亚的博斯普鲁斯王国签订的贸易协定把黑海北岸的谷物源源不断输送到希腊。

伯里克利鲜明持有反斯巴达的立场，在中部希腊甚至在伯罗奔尼撒半岛扩展雅典的势力，借各种机会削弱斯巴达同盟的力量。他在提洛同盟中采取更激进的帝国取向。雅典人制定同盟的战略，指挥同盟的舰队，而他们越来越常为雅典自己的利益而不是同盟的利益制定作战目标。雅典人越来越专断。提洛同盟最初的誓盟地是提洛岛，同盟的金库也设在那里。现在，雅典人把这个同盟金库移往雅典卫城。这个转移也许有安全方面的考虑——腓尼基那时候在海上声势正旺，提洛岛可能受到攻击，但即使如此，也有理由谴责伯里克利的做法，因为这个重大行动不是同盟会商后的集体决定，而是雅典独断决定的。更何况，金库转移到雅典卫城以后，资金由雅典公民大会掌握调度，不一定用于同盟的共同目标，而是为雅典自身服务，例如，雅典人调动了一大笔款项用来建设帕特农神殿等建筑。最初用来支持反波斯战争的基金现在变得越来越像是向老大提供的保护费。

在同盟内部，一个城邦可以为联合舰队提供舰船，也可以出钱代船。这本来让这个城邦可以更灵活地依自己的实际情况多一种选择，然而，当这个城邦有意脱离联盟的时候，它会发现没有自己的海军来保卫自己，于是不得不留在联盟里，看雅典的脸色行事。那些拥有自己战船的城邦固然更为独立自主，但像塔索斯一例所昭示的，它们的独立意志恐怕敌不过雅典的强权。实际上，一些联盟成员像塔索斯一样屈从雅典的意志，撤销了防务。当萨摩斯与米利都发生冲突并拒绝了雅典的调停，伯里克利率领舰队出征，经过大半年苦战，降服了萨摩斯人，他们被迫拆毁城墙，交出舰队，上交人质和巨额罚金。萨摩斯的海军实力很强，但仍不是雅典的对手，其他城邦看在眼里，自不敢轻举妄动。

一些盟邦驻有雅典的军队，这固然有联防波斯的作用，但也对这类城邦的自主形成威胁。有些盟邦则有雅典派驻的监察委员，确保那里的政府顺从雅典的意旨。雅典还在海外建立了大批军事移民区，移民通常来自新获得雅典公民权的外邦人。移民区的土地是从所在的邦国划出来的，这些邦国因此失去了相当数量的肥沃土地。

原本由自由城邦结成的联盟变得越来越像由雅典人统治的帝国。帝国自有帝国的优点，帝国有助于压制其境内的各种地方矛盾，不至于发展成互相攻伐，也有助于抑制海盗，保障海洋贸易的安全，这对所有城邦都是有利的。然而，帝国这一理念与希腊人格格不入。城邦的独立和自由这一理念深深扎根在希腊人的政治心理之中。他们正是在这样的精神下战胜了波斯帝国，但现在他们却要忍受雅典的帝国野心。雅典的帝国主义政策引起提洛同盟内外很多城邦的焦虑和不满。这些城邦公开呼吁或暗中请求斯巴达的帮助。斯巴达自己经历了很多艰辛，实力不如以往，但在希腊诸城邦眼里，它仍然是唯一能够遏制雅典野心的领袖。

前面曾说到，小城邦林立的一个大麻烦就是城邦之间战争不断。公元前459年，雅典西面的梅加腊与更西面的科林斯发生领土争端，其后战争爆发。科林斯和梅加腊都是大邦，各有不少盟友与宿敌。战争断断续续打了十四年，把其他不少城邦卷入其中，史称第一次伯罗奔尼撒战争。雅典一开始是支持梅加腊的，招来科林斯的敌意。科林斯则寻求斯巴达的支持。然而，雅典与梅加腊也有纠葛，雅典用强，对梅加腊实施禁运，梅加腊由是也倒向斯巴达。这时的希腊已隐隐形成了两大阵营，一边以雅典为首，一边以斯巴达为首。从好的一面看，联盟形式有助于约束一个城邦轻举妄动，因为它可能招致对方整个联盟的攻击。从坏的一面看，局部矛盾有可能由于盟邦出面支持而引发连锁反应，最后把两个联盟拖入大战之中。

在公元前446年一次规模较大的冲突之后，斯巴达和雅典一时都不愿扩大事态，双方签订了"三十年和约"。和约就双方的争议事项取得一致意见，并保证在三十年内互不侵犯。和约生效以后，虽然订约双方仍有不少明争暗斗，但大致都遵守了和约的规定。希腊迎来了一段相对和平的时期。不过，"三十年和约"体现的是雅典一方和斯巴达一方势均力敌的态势，并没有明显减弱城邦间的敌意，最终也没有阻止两大城邦集团之间的大战。

第十四章　伯罗奔尼撒战争

　　希腊城邦联盟在希波战争中的辉煌胜利为整个希腊世界带来一片欢欣和繁荣，然而，这并没有阻止各个城邦之间的竞争，这些竞争时不时发展为敌意，最后演变成分别以雅典和斯巴达为首的两大城邦联盟之间的战争，这场长达二十七年之久的战争史称"伯罗奔尼撒战争"。

　　我们对伯罗奔尼撒战争的了解远远超过其他任何古代战争，实际上，远远超过其他任何古代事件。这主要归功于伟大的古希腊史家修昔底德的《伯罗奔尼撒战争史》。修昔底德本人在这场战争的第八年担任雅典十位将军之一，由于被指责在希腊东北部的安菲波利斯之战中驰援不力，被撤销将军职务并被放逐，直到战争将要结束才回到雅典。说到《伯罗奔尼撒战争史》这部书，这里且不说修昔底德对政治与战争的深刻思考，只说他以十分客观公平的眼光来叙说雅典与敌国的战争：一个雅典人，一个参战的将军，不隐讳雅典的种种失误、愚蠢、残暴，不贬低他的对手，让人惊叹。但也许更让人惊叹的是他那个时代的雅典人，居然能容忍这样的客观叙事。修昔底德在书中曾说到，他在战争刚一爆发就开始为这部历史搜集资料，并说到他计划一直写到战争结束，但可惜，也许是猝死终止了他的写作，这部巨著停在战争的第二十年。有四位古代作家先后续写此书，补足战争的最后七年，但无人重写前面的内容，这也佐证了修昔底德记述的权威性。近世史家根据更广泛的资料，包括考古材料，纠正了修昔底德记事的一些错讹，为这场战争提供了更全面更准确的画卷。*

在希波大战之后的岁月里，雅典和斯巴达及其盟邦之间，武装冲突时有发生，但没有哪一方拥有压倒的优势。在这种情势下，斯巴达一方和雅典一方签订了"三十年和约"。此后，虽仍冲突频发，但

---

* 首选是唐纳德·卡根的《伯罗奔尼撒战争》，陆大鹏译，社会科学文献出版社，2016年。

双方都不愿意见到一场大战，在争端中总体上都相当克制。

公元前 436 年，希腊西北边陲的几个城邦起了争端，这些"远在天边"的争端通过一系列复杂的因果牵动了科林斯、梅加腊一方和雅典一方。雅典采取一系列措施来压制对方，其中一项是依仗自己的海上力量对梅加腊实施禁运。梅加腊和科林斯极力怂恿斯巴达领头入侵阿提卡，教训雅典。不过，那时候诸城邦还没有建立正式的同盟，虽然斯巴达对雅典的所作所为越来越感恼怒，但仍不愿兵戎相见。公元前 432 年 7 月，斯巴达召集包括雅典在内的希腊城邦到斯巴达的公民大会来讨论大局。斯巴达公民大会以微弱多数的表决结果认定雅典违背了"三十年和约"。8 月，一批敌视雅典的城邦正式建立斯巴达联盟，决定向雅典开战。

虽已宣布开战，斯巴达仍然先礼后兵，先后派出三个使团到雅典谈判，其主要诉求是雅典撤销对梅加腊的禁运。伯里克利主政的雅典拒绝了这一要求，理由是斯巴达人不肯按照"三十年和约"寻求仲裁，而是进行威胁。

双方都不愿看到大战爆发，但哪一方都不肯在基本诉求上让步，因此，虽然开打之期一再拖延，双方都预期一场大战难以避免，紧锣密鼓备战。整个斯巴达联盟拥有约 3 万步兵，其中，斯巴达自己的重装步兵天下无敌。雅典拥有 1.3 万名 20—45 岁的适龄步兵，加上可在方阵中服役的接近适龄的男子，也有将近 3 万人。不过，雅典在陆地上仍不是斯巴达联盟的对手，因此，伯里克利希望打一场持久战。雅典富足，斯巴达没有财源，耗不起。之前所建的环绕雅典城和比雷埃夫斯港的坚固长墙，可以保障从黑海运来的粮食能够供养雅典的人口。他们在财政上也做好了准备，备有 6000 多塔兰同银币的储备，可以支撑三年。像几乎所有长期战争之初的情况一样，人们一开始没有料到战争会拖延如此之久。雅典虽然不是斯巴达的陆上对手，但它是海上霸主，伯里克利计划派出雅典的舰队去骚扰斯巴达联盟的领土，连续几年之后，料想对手疲惫不堪，只好求和。

战争一开始不温不火。公元前 431 年 3 月，底比斯人偷袭普拉提亚这个只有不到 1000 公民的小城邦。这次偷袭失败了，普拉提亚人残酷地杀害了 180 个底比斯战俘。底比斯人势必进行报复，作为防备，雅典向普拉提亚盟邦派去 80 名重装步兵，并撤走普拉提亚的所有非作战人员。

战争这才真正打响。阿希达穆斯二世率领三分之二的斯巴达军队出征，蹂躏阿提卡。雅典民众从乡村撤退到比雷埃夫斯长墙以内，不出城迎战。伯里克利立足于防御的持久战战略是很明智的，但是很容易遭到反对：一则，阿提卡外围地区会被斯巴达人任意蹂躏；二则，那时候的惯例是正面对抗，避战坚守被视作懦怯，只因为伯里克利享有巨大威望，雅典人才会接受他的战略。

蹂躏阿提卡一个月之后，斯巴达人撤兵：一则补给告罄；二则，如前面提到，斯巴达人因为担心黑劳士造反，向来不愿远离家乡长期作战。斯巴达尚未撤军，雅典人已经出动海军，沿伯罗奔尼撒半岛骚扰斯巴达。这种骚扰成为雅典人今后的一项主要军事行动。这些军事行动对斯巴达联盟的危害时轻时重，但总体上远不如斯巴达入侵阿提卡造成的伤害。雅典人还占领了宿敌埃吉那，驱逐岛上全部居民，代之以雅典殖民。斯巴达退兵之后，雅典出动了万人军队蹂躏了梅加腊。伯里克利同时展开了战争外交，跟东北方的色雷斯国王结成同盟，跟马其顿国王柏第卡斯二世达成谅解——雅典与马其顿此前一直纷争不断。

战争第一年年底，雅典人为这一年阵亡的将士举行葬礼，推选伯里克利在葬礼上演讲，这篇演讲像林肯的葛底斯堡演讲一样，是一篇历史名文。伯里克利热情赞颂雅典民主制的优越，向听众解释，为捍卫自己的生活方式，雅典人不惜承受战争的苦难："你们知道，幸福需要自由，而自由需要勇气，那么，绝不要在战争的危险面前畏缩。"

战争第二年，雅典发生了大瘟疫。人算不如天算，避战战略大概是较优的选择，但由于人口现在集中到雅典城，瘟疫来得尤其凶猛，后果格外严重。修昔底德写道：人们像绵羊一样死去，他们不敢走动串门，患者只能孤苦伶仃地死去。雅典失去了差不多三分之一人口和军人，包括4400名重装步兵，300名骑兵，这一损失远远超过了战争本身造成的损失。伯里克利威信受损，雅典寻求与斯巴达讲和，但斯巴达人的条件太高，雅典无法接受。9月，伯里克利被罢免执政官职务，并被定罪为侵吞公款，处以大笔罚金。他靠朋友支援支付了罚金。翌年 7 月，伯里克利重新当选行政长官，但仅仅两个月后，这位伟大的政治家就去世了。

战争在继续，一时这边占上风，一时那边占上风。战争第七年，雅典名将德摩斯梯尼占领了伯罗奔尼撒半岛西部的皮洛斯——《伊利亚特》中老将军涅斯托耳的故国。在随之而来的战斗中，他大胜前来反击的斯巴达人，把他们围困在一个离岛上。被围困的有 420 名战士，相当于斯巴达陆军的十分之一，且其中有 180 人来自权贵家族。斯巴达为保存这些战士要求暂时停战。是否停战以及在何种条件下停战，前线将军须听候公民大会的指示。其时活跃在雅典政坛的克里昂反对停战，他率援军到皮洛斯，以 1 万多士兵的优势进攻斯巴达人。最后余下的 120 名斯巴达人加上其他盟军共 292 人在征得斯巴达城邦同意后投降，被带回雅典。皮洛斯的胜利再加上稍后雅典在希腊西部和西北部获得的一些胜利，让天平一时向雅典倾斜。

然而，没有哪一方保持长久的、压倒的优势。一时难见胜负的时候，也有长短不一的停战。战争的第十一年，双方签订了期限为五十年的《尼基阿斯和约》，依和约，领土等各项大致恢复到战前状态。谁先执行和约的最初步骤由抽签决定，抽签结果是斯巴达人须首先归还雅典战俘。《尼基阿斯和约》是战争期间相对成功的和约，不过，双方仍有不少盟邦对和约不满，或者干脆不接受和约。在和约签订后，不少地区仍冲突不断，这些冲突不断扩大，最后再次把双方引回全面战争。

雅典能够长期对抗斯巴达联盟，深深依赖于它对爱琴海大后方的控制，这个区域差不多所有城邦都是提洛同盟的成员。但米洛斯岛始终拒绝加入同盟。米洛斯是斯巴达的殖民城邦，在战争中保持中立，但暗中可能支援过斯巴达。雅典现在强迫米洛斯入盟，遭到拒绝后，出兵征伐该岛。米洛斯顽强抵抗，最后粮尽投降，雅典公民大会投票决定摧毁整个城邦，杀死所有成年男子，将妇孺全部变卖为奴。这是伯罗奔尼撒战争中最为臭名昭著的暴行之一。雅典此前就曾做出过类似的决定。莱斯博斯岛上的米蒂利尼城邦不满雅典在提洛同盟中的独断专行，发动了一场反叛，雅典人成功镇压叛乱之后，克里昂提议屠城，获公民大会通过，幸而第二天雅典人变了主意，派另一条船拼命追赶传达第一道命令的舰船，以制止这个残酷命令的实施。修昔底德描述了这个戏剧性的时刻："第一艘战舰担负着这样一个可怕的使命，所以它并不急于到达，而第二艘战舰急匆匆追赶，结果，第一艘战舰稍稍早到一会儿，等雅典军司令刚刚准备执行屠城命令的时候，第二艘战舰驶进港口，从而阻止了这场大屠杀。"* 可叹，米洛斯岛没有躲过这一劫。米洛斯屠城后的第二年，欧里庇得斯在《特洛伊妇女》中借安德洛玛刻之口抗议阿喀琉斯之子皮洛斯把她和赫克托耳的独子从塔楼掷下摔死："你们希腊人啊，你们曾发现残忍的行为不合希腊精神，为什么又要杀死我这无辜的孩子呢？"

战争也许无可避免，战争中会涌现很多可歌可泣的英雄事迹，然而，战争的残酷一面不能不让人对战争颂歌起疑。古人征战普遍酷烈，不分中外。周厉王南征讨楚，诛杀"勿遗寿幼"。希腊城邦之间的战争虽然频繁，但此前多数为时短暂，相对而言不那么

---

* 修昔底德：《伯罗奔尼撒战争史》，徐松岩、黄贤全译，广西师范大学出版社，2004 年，页 162。

酷烈，战争双方也多半能遵行既定的规则和习俗，不切断敌方的水源，不伤害来使，适时停战以便敌方掩埋战死者，不侵犯庇护败亡者的神殿。与大多数古代战争相比，这些规则是相当人道的。然而，在伯罗奔尼撒战争这场全希腊的内战中，战争变得极为酷烈，铲灭一个城邦的事情也数次发生。斯巴达一方像雅典一样恶行累累。战争第五年，斯巴达联盟攻陷雅典的盟邦普拉提亚。我们还记得，在希波战争中，斯巴达人为表彰普拉提亚人的特殊贡献曾立誓保障普拉提亚城邦永续，本章前面也曾提到，在伯罗奔尼撒战争刚开始的时候，普拉提亚人屠杀了底比斯的战俘。现在，斯巴达为了向底比斯示好，经过形式上的审判，处死了全部剩余守军 200 名普拉提亚人和 25 名雅典人。底比斯接手，把普拉提亚城夷为平地，这个规模不大但十分伟大的城邦从此不复存在。

战争残酷，在长期战争中，人心也变得残酷。这不仅体现在邦国之间的斗争中，也体现在城邦的内部斗争中。希腊城邦内部一向有不同阶级不同政治派别的明争暗斗，起初，超阶级超党派的全体公民团结意识更占主导，后来，尤其在伯罗奔尼撒战争后期，城邦共同体意识往往不敌分裂的派系主张。修昔底德总结说，贪欲和个人野心膨胀，党派领袖们既不受正义的束缚，也不受城邦利益的限制。世道丕变，阴谋诡计盛行，激烈的冲动成为大丈夫的标志，中道变成软弱的外衣。一个城邦接着一个城邦爆发党争和政变，获胜的一方往往大规模驱逐另一方的领导人物，在更加极端的情势下，可能屠杀反对派。流放在外的反对派力图卷土重来，有时不惜借助外邦的军事支持，一旦得手，接下来展开残酷的报复。

战争第十七年，雅典发动了对西西里岛的远征。西西里虽然远离希腊半岛，但它对战局有不可忽视的影响。西西里的强邦叙拉古是斯巴达建立的殖民地，战争中虽然保持中立，但暗中倾向斯巴达。雅典此前就曾远征西西里，尝试切断从那里输往斯巴达联盟的粮食供应，为此，他们还在西西里海峡两岸建立了基地。这一次远征，事起西西里岛上的亲雅典城邦塞杰斯塔受到叙拉古压迫而向雅典求助。雄心勃勃的亚西比德积极主张远征，而老将军尼基亚斯不赞同。雅典公民大会采纳了亚西比德的建议，但不放心把军权完全交给他，委任老成慎重的尼基亚斯为总司令。这支规模巨大的远征军出发之前，发生了一起极为怪异的事件：一夜之间，雅典的神殿和私宅入口处的很多赫耳墨斯神像的面部遭到毁坏。有人借机指控亚西比德牵连其中。远征军出发之后，指控继续发酵，议事会决定派遣战船到西西里，把亚西比德一行带回雅典受审。亚西比德因之出逃，投奔斯巴达。

西西里远征是整个战争中规模最大的一次军事行动。雅典可说是倾尽全力，继尼基亚斯之后，雅典又派出了由德摩斯梯尼和欧律墨冬率领的第二支远征军。远征军十分强大，占据绝对优势，但他们仍然无法攻占坚固的叙拉古城。斯巴达最初并没有十分关注叙拉古的战事，但现在，那里的战事成为双方争夺的要点。斯巴达派出增援舰队。在一系列的战役之后，斯巴达人和叙拉古人在陆地上甚至在海上都战胜了雅典人。雅典军队企图撤退，但为时已晚，撤退变成了一场溃败，短短几天里，4万人的军队被分批歼灭或俘虏，只有1000人逃脱。叙拉古人投票决定处死尼基亚斯和德摩斯梯尼。7000名战俘被关押在采石场，八个月里陆续死掉。这是整个战争中最大的溃败，最多人数的死亡，通常被视作雅典失去战争的转折点。

即使在当时，人们也普遍认为雅典已无法支撑，战争行将结束。但雅典人居然不投降，而且又挺了不少年头。他们的一个对应办法是，选出十位贤者，赋予他们较大权限来管理公共事务，其中包括已经年届八旬的诗人索福克勒斯。

雅典之所以能够继续支撑战争，主要是因为斯巴达的处境也不乐观，战士少了，战争经费告罄。它跟波斯签订条约，从波斯领取军费，允诺波斯控制爱奥尼亚沿海地区。斯巴达一向经济资源不足，这一点到战争的最后几年尤其突出，斯巴达能够继续战争，可以说主要依赖于波斯的资助。波斯没有直接参战，但通过财政支持等手段深深介入了这场希腊人之间的大战。波斯虽然在希波战争中落败，但仍然是一个繁荣而强大的帝国，并且一直尝试对希腊施加影响，在伯罗奔尼撒战争后期尤为活跃。支持雅典还是斯巴达，完全出于地缘政治考虑，目标是让战争削弱双方希腊人。十几年前，大流士二世在王位争夺中胜出，与雅典人签订了友好条约。但在战争后期，大流士二世改变了战略，转而支持斯巴达。波斯人的金钱援助让斯巴达舰队能够把大批为雅典服务的船员吸引到自己这一边，即使在海战中也常常战胜雅典舰队。说起来当然很可悲，斯巴达和雅典曾携手领导希腊人抵抗波斯的入侵，并赢得了辉煌的胜利，迎来了希腊的全盛时期，如今，他们势同水火，同时寻求波斯的支持和援助，不惜献媚讨好。

前面说到，雅典的一大优势是它拥有爱琴海大后方，然而，这些雅典盟邦现在逐步被斯巴达支持的政治集团控制，有些干脆重新落入波斯人之手。希腊是在战胜波斯以后臻于全盛的。后来，雅典成了帝国，变得越来越霸道，霸权有时能带来秩序、太平和经济繁荣，然而，帝国理念与希腊城邦人念念不忘独立自主的精神相冲突。雅典的失败有很多因素，但这是其中很重要的一点。在伯罗奔尼撒战争期间，雅典在很大程度上仍然以它的强权来维持自己的同盟，但到战争后期，雅典实力衰退，它的盟友纷纷叛离。

在雅典内部，寡头派和民主派之间发生了更加激烈的斗争。寡头派一度得势，废除了公民大会，代之以一个四百人议事会，起草了新宪法，并打算与斯巴达议和。但民主派最后成功召开了公民大会，夺回了政权。

战争形势仍然胶着，雅典与斯巴达两方苦苦争夺赫勒斯滂海峡的控制权。雅典召回了亚西比德并任命他为主力舰队的司令。在马尔马拉海的一场大海战中，亚西比德率雅典舰队大胜伯罗奔尼撒同盟，迫使斯巴达提议和谈，交换俘虏。但在雅典掌政的激进民主派拒绝了斯巴达的提议。于是，战争又继续下去。后面"亚西比德"一章还会谈到这一段时期战事的更多细节。

战争的最后几年，斯巴达一方的优势越来越明显。斯巴达王阿基斯二世在雅典东北的狄凯里亚的山丘上建成要塞，对雅典施加巨大压力。围困的第一年雅典就有 2 万奴隶逃亡，很多来自劳里昂银矿。但雅典人仍在顽强战斗，而且，即使到临近战争结束的时候，他们仍表现出强大的战斗力。公元前 406 年夏季，八位平行的雅典将军率领 155 艘战船组成的新舰队与斯巴达舰队的 120 艘战船在阿吉纽西决战。这是这场战争中最大规模的海战，雅典人取得了辉煌的胜利，他们损失了 25 艘战船，斯巴达人损失了 77 艘，其海军司令卡利克拉提达斯也在这场战役中阵亡。战役结束后，应该留下来救援自己的落水士兵、回收死者遗体还是追击落败的斯巴达残敌，雅典将军们争执不下。最后决定派出三分之二战船去追击，余下的打扫战场。但为时已晚，敌船已经逃之夭夭，过大的风浪又挫败了打扫战场的尝试。雅典人知道了阿吉纽西战役的情况之后，一面庆幸胜利，一面对没有救援幸存者和回收死者极其愤怒，他们罢免了将军们，把他们召回雅典受审。两位将军外逃，六位回到雅典。审判过程一波三折，最后，公民大会决定，执行委员谁若提出异议将自动成为被告受审，这一违背合法程序的做法逼迫执行委员会宣判了将军们的死刑。苏格拉底是执行委员之一，是唯一一个投票反对的。阿吉纽西大胜之后，雅典似乎还是有可能在战争中胜出，乃至斯巴达人再一次提议和谈。雅典人在克里奥丰的主导下拒绝了。他们不信任斯巴达，恐怕斯巴达人借休战之机重整旗鼓，不如趁热打铁，一举摧毁斯巴达联盟，收获全面胜利。然而，阿吉纽西战役的胜利并没有给雅典人带来持久的好运。阿吉纽西大审判不仅毁掉了雅典现有的将军们，也使后来的将军们在行动之际惶惶不安。雅典的舰队原本是海上的霸主，但在阿吉纽西后的几场海战中败绩连连。

希腊别传

在战争的最后几年里，斯巴达一方的主要军事领袖是吕山德。吕山德是个天才将领，他风卷残云般收服了雅典同盟城邦，在新收服的城邦里设置效忠于他个人的总督。他同时也是一个凶残的将军——他鼓动米利都等各地的寡头派采用残酷对待敌手的方式夺取政权。他攻破雅典的盟邦，杀死男人，卖妇女儿童为奴。吕山德继而北上，进入马尔马拉海与雅典人对决。在阿哥斯波塔米战役中，斯巴达军完胜，摧毁了雅典海军，抓获 3000 多俘虏。斯巴达盟邦复仇心切，投票处死所有战俘并动手实施。吕山德半途中止了屠杀，虽然这并不是他忽发慈悲，而是他需要这些俘虏作为筹码来跟雅典人谈判投降条件。

我们在吕山德身上可以看到斯巴达的战争宗旨本身在发生变化。一开始，斯巴达以维护正义为宗旨，吸引很多城邦站到它这一边，到战争中期，随着雅典势力的消退，更多城邦转向斯巴达，希望借助斯巴达的帮助以摆脱雅典的统治。现在，把希腊从雅典霸权中解放出来的理想更多转变为谋求自身霸权的欲望。斯巴达的社会也在发生变化，斯巴达为扩充军队解放了部分黑劳士，这些新近获得公民身份的黑劳士支持扩张霸权以获得财富。

公元前 405 年 10 月，吕山德兵临雅典城下，把雅典团团围住。要攻破雅典城不是易事，那时候，守城容易攻城难，进攻方往往采取围城的策略，城垣被围困一段时间之后，城里常会发生饥馑、瘟疫。事实上，围城的确让雅典城内的人民濒于饿死。但雅典人仍不愿意投降。倒不是雅典人宁为玉碎。那时候，投降和议跟我们现在不一样，前线的将军通常并不能够决定怎样处置投降一方，你宣布投降，对方会去请示本城邦的公民大会怎样处置，结果可能宽大，也可能极为严酷。经过几十年愈来愈残酷的战争，敌方很多人，尤其是底比斯人和科林斯人，一心盼望夷平雅典。但斯巴达人的想法不同，他们不打算彻底毁灭雅典，一个重要的考虑是不愿底比斯坐大。底比斯是雅典北面的一个强邦，一直是雅典的敌手，在伯罗奔尼撒战争中，底比斯没有加入斯巴达联盟，但是通常站在联盟一边，到战争后期，底比斯已经变得相当强大并野心勃勃，并与斯巴达处在相当尖锐的矛盾之中。消灭了雅典，那片土地将成为底比斯的疆域。

鉴于这类地缘政治方面的考虑，斯巴达人以宽大的条件接受了雅典的投降。斯巴达保证雅典人的生命安全——少数人除外，允诺雅典城邦的有限自治，但雅典必须拆毁它的城墙，不得再次建设大规模的船队。克里奥丰等顽强的民主派反对投降，他们预料，一旦投降，雅典民主制就会灭亡。但雅典人通过审判处死了克里奥丰，接受了投降条件。伯罗奔尼撒战争终于结束。

伯罗奔尼撒战争从公元前431年开始到前404年结束，长达二十七年，在整个人类历史上都少有这么漫长的战争。伯里克利最初构想的战略是打持久战，但他所设想的持久战不过三年五年。不过，有谁在一场战争开始时料想到战争的实际进程？第一次世界大战在1914年7月末爆发时，各个参战国都想着自己的战士们回家过圣诞节呢。

这二十七年里，当然是打打停停，特别在中间有个十年的休战期，可以说把这场战争分成两段。在整个的战争过程中，有时候这边占上风，有时候那边占上风——一场旷日持久的战争肯定是这样，如果一边倒，战争不会拖得很久。

雅典投降之后，雅典流亡者跟随吕山德来到雅典，庆祝和平，拆毁城墙。斯巴达在雅典扶植了一批寡头掌权，史称三十人僭政。僭主们意识到民主传统在雅典根深蒂固，自己的统治颇不稳固，于是残酷清剿异己政治力量——一开始他们屠杀那些民主派领袖，接下来开始屠杀温和派，最后，他们自己阵营中那些被认为态度温和立场不够坚定的同伴也遭到暗杀明诛。色诺芬说道："他们为了私人利益大开杀戒，在八个月里屠杀的雅典人比在近十年战争期间死于伯罗奔尼撒人的还要多。"* 据亚里士多德，被杀害的雅典人达两千之多。

三十僭主政权没有持续很久，逃亡的民主派在色拉西布洛斯的领导下集结了力量，展开反击。僭主一方求助于斯巴达军队，民主派则有底比斯支持——在战争后期，底比斯已经变得相当强大，常与斯巴达争锋，在战后局面中，它选择支持斯巴达的劲敌雅典民主派。翌年，民主派攻入雅典，结束了三十僭主的统治，恢复了民主制。民主派由各种人组成，有些派

---

* 色诺芬：《希腊史》，徐松岩译注，上海三联书店，2013 年，页 82。

别情绪激奋、复仇心切。不过，总体上，民主派采取了非常克制的态度，很快就宣布了大赦。这样的一种和解的姿态对任何一个刚刚经历了惨烈内战的国族来说都是难能可贵的。宽容与和解并不能解决根本冲突，但若能赢得一段时间的和平，仇恨情绪就会大大弱化，为进一步的政治和解敞开可能。非常幸运，这在当时的雅典成为现实，新政权对政敌采取了温和宽容的政策，没有让冤冤相报继续下去，让雅典从大战争之后很快恢复过来，重新成为希腊的一个强邦。雅典人重建了舰队和城墙，接着，雅典重新获得很多城邦的支持，建立了一个新的同盟——雅典第二海上同盟，此后，雅典的民主制度继续繁荣了将近一个世纪。

第十五章　苏格拉底

伯罗奔尼撒战争之后，希腊精神创造的鼎盛局面不再，然而，希腊哲学在这个时期却格外活跃，黑格尔说到"密涅瓦的猫头鹰只在暮色降临之际才展开翅膀"，心里想到的大概就是这里。

西方哲学史都以泰勒斯开篇。泰勒斯是米利都人，活动在公元前 6 世纪上半期。他是希腊七贤之一，从政、经商、游历，广泛研究各种自然现象，一般认为他曾通过测量埃及金字塔的影子计算出金字塔的高度，曾正确预测过日食。他最著名的命题是"万物的本源是水"。有人请教这位智者，世上最难的事情是什么，他回答说：认识你自己；最容易的是什么？给别人出主意。哲学史记载的第二位哲人是阿那克西曼德，据说是泰勒斯的学生。他设想地球自由悬

　　　　　　　　　　　　　希腊别传

浮在空中。世界各地都有人好奇，琢磨大地是靠什么支撑着。也许大地坐落在一条巨大的鲸鱼背上，鲸鱼生活在巨大的海洋里。但又是什么支撑着海洋呢？阿那克西曼德论证说，大地不用支撑，它是一个圆球，处在宇宙中心，距一切事物一样远，所以不向任何方向坠落。他还猜想，宇宙曾经是个大火球，火球破裂开来，分隔成一些环状物，于是产生了日、月、繁星。稍晚两代的哲人色诺芬尼认为，如果牛马和狮子能够画像，它们画出来的神祇就会是牛马和狮子的形象。我不是暗示阿那克西曼德是演化论和大爆炸理论的先声，色诺芬尼是尼采的滥觞，我要说的是，希腊人活力充沛，这不仅体现在他们的现实生活之中，也体现在希腊心智的活跃和大胆。

此后还有不少哲人的名字我们耳熟能详：毕达哥拉斯、赫拉克利特、巴门尼德、恩培多克勒，他们思考人间的种种问题，也为各种奇异的自然现象吸引——日食月食、地震、磁力，探究这些现象的原因。贝类生活在水里，但我们在山丘上却常常见到贝壳，这不是很奇怪吗？现在的山丘所在，也许过去是一片沧海？现在的陆地生物也许曾经生活在海里？有可能，人是从鱼变来的。发出和谐音的琴上，每根弦的长度必成整数比，这似乎提示，在可以视见可以听闻的万物背后，有一个由数字关系构成的世界，天上的星辰也在合奏一首和谐的乐曲，只是凡夫俗子的耳朵没有听到。古代中国思想集中于怎样建设良好稳定的社会秩序，由此延伸到人在世间应当怎样为人行事，不大在意月亮离我们有多远这样的事情。相形之下，对自然现象的浓厚兴趣是希腊哲学的一个特色。

哲人提出的种种解释和猜想，充满想象力，新奇而富启发，而更富希腊特色的，是他们尝试把这些新奇思想互相连接，形成一个整体。哲人不仅为每一个观点提出论证，而且，他们希望通过理性思辨达乎本原，为一种整体的世界图景提供系统论证。德谟克利特继承了前辈哲人留基伯的原子论，认为世上万物都是由原子构成的。原子是一些微小的颗粒，不可分割——这是希腊词 atomos 的本来含义，永恒存在。它们聚合到一起产生了我们所见的万物，分离开来便是事物的瓦解和消亡。

亚里士多德把最初的哲人称作"自然学家"，与神话家相对——他们用自然原因而不是用神话来解释世界的根由。荷马史诗里有很多神祇，不过，英雄的行为和想法并没有什么超乎自然之处，很可以认为荷马秉持的是"自然主义态度"。现在，希腊哲人要用凡人的、自然的眼光去透视世界的至极根由。但原因隐藏在事物的背后，无法通过五官感知，不乞灵于超验的神启怎么得知？希腊哲人诉诸理性思辨。"鼎盛的古典"一章曾说到，希腊人的理性是从现世经验出发的"自然理性"。理性要超越感性，但它要摆脱的不是感性，它要摆脱的是怪力乱神。以理性的眼光探求万物的原理是希腊人特有的，就此而言哲学是希腊人在精神创造领域的独特的贡献。

早期的希腊哲人都不是雅典人。公元前 5 世纪，雅典成为希腊精神文化的中心，吸引很多杰出人物前来，先是当时最杰出的哲学家阿那克萨哥拉，随之到来的是一批被称作"智术师"（sophist）的哲学家。普罗泰戈拉是其中佼佼者，他和阿那克萨哥拉都是伯里克利的好友。哲学随着他们来到雅典。

从前，哲人是孤独的沉思者，间或师生相传，哲学家探究万物的本原，公众对这个没什么兴趣。戏剧、建筑、雕塑，这些都是公共生活的一部分，哲学对当时代却并无直接的影响。"智术师"这些新型哲学家则不然，他们更多关注现实的人生问题而不是宇宙的本原。智术师在各处授徒讲学，传授智慧、学问、修辞术。对有志于公众事业的年轻人，修辞和讲演的技巧十分重要，在公民大会上、议事会议上、法庭上都用得上。智术师们质疑传统信仰，公开阐发各式新观念、新主张，也很对年轻人的胃口。"一个著名智术师的光临对一个城镇来说无异于一个重大的节日。"* 不少智术师，如最早并最有名望的普罗泰戈拉，受到各地青年的追捧，胸怀政治抱负的世家子弟、富家儿郎、追新骛奇或心有困惑的年轻人追随左右，拜他们为师，他们收取高昂的学费，有的因此变得颇为富有。说到巴门尼德或赫拉克利特，我们心中浮现的必是蹙眉沉思的哲人，说到普罗泰戈拉或高尔吉亚，浮现出来的很可能是个网红。

　　不同于独自沉思的哲人传统，现在活跃在希腊的智术师造就了公开辩论的精神探求方式。不过，智术师并不是一个团体，所持的主张也不尽相同，可谓

---

* 　约翰·赫伊津哈：《游戏的人》，多人译，中国美术学院出版社，1996年，页164。

鱼龙混杂。其中不少浅学诡智之徒，以奇谈怪论为高，用诡辩充论理，用无根的游谈蛊惑听众。但被称作智术师的也有普罗泰戈拉那样纯正的哲学家；柏拉图有一篇对话题为《普罗泰戈拉》，尽管柏拉图敌视智术师，但我们在这篇对话中读到的仍然是一位睿智而宽厚的思想者，富有人道主义精神，我们颇能够认同他的很多主张，例如刑罚不应以复仇为目的，而应当以防止犯罪为限。

苏格拉底是第一位出生于雅典的哲人，成长在这个智性生活空前活跃的城邦。他的父亲是一位石雕师傅，母亲是一位接生婆，苏格拉底的禀赋看来更多来自母系，他没有塑成一件成形的作品，他把自己的哲学活动说成"助产"——他没有什么学说更没有什么教义要教给别人，而是引导对话人把孕育在自己心灵中的真知从幽暗封闭之所带到天日之下。

苏格拉底经历了伯罗奔尼撒战争全程，身为雅典公民，苏格拉底是一位战士。伯罗奔尼撒战争爆发之前，雅典要求玻俄提亚增加对提洛同盟的贡金，玻俄提亚不满这一要求，要求退盟，伯里克利出兵征讨。

彼时，苏格拉底正当壮年，以重装步兵的身份参加了这场征战。雅典人经过几年苦战征服了这个城邦。后来玻俄提亚再度反叛，雅典军队复又出兵围困这个城邦，玻俄提亚人发动反攻，雅典军队遭遇开战以来最严重的损失。苏格拉底参加了这场著名战役。苏格拉底的年轻友伴亚西比德在战斗中负伤，苏格拉底不顾自身安危，击退敌人，救出了战友。

苏格拉底的交游和学生中有不少重要的雅典政治人物，但他明确表示不愿投身于政治。另一方面，身为公民，他积极履行一个普通公民的政治义务。他在这些活动中同样刚直不阿。上一章曾提到阿吉纽西海战后雅典人判处将军们死刑，结果毁掉了阿吉纽西战役的胜利果实，而在这次审判中，苏格拉底投出了唯一一张反对票。雅典战败投降之后，由三十僭主掌政，他们之中有一些与苏格拉底颇多交往，其中一个，柏拉图的舅舅克里底亚，年轻时曾追随苏格拉底，后成为贵族派的政治领袖。现在，这些掌政的寡头残杀政敌，苏格拉底公开予以谴责。寡头政府命令苏格拉底去逮捕一位名叫勒翁的公民，苏格拉底因此令不合法律而拒绝执行。

苏格拉底不愿投身政治，他的使命是思想。他年轻时热衷于研习自然哲学，成年以后，从自然哲学转向对人生和政治的思考。他不以写作为然，沉思而外，他在码头上、作坊里、集市上、私人聚会上与各式人物讨论公正、友谊、德性、勇气、知识、美，引导对话人提升德性和心智。如果说苏格拉底有一个主导问题，那它就是：人怎么能够过上良好生活？他的回答是：人生最重要的不是身体健康、财物丰足，而是灵魂的福祉。而唯有德性能带来灵魂的至福至善。这里说成"德性"的希腊词是 arête，我们曾在《伊利亚特》里的英雄与神祇"一章中谈到过。不过，苏格拉底对 arête 的理解已经与荷马大异其趣，所以我这里用"德性"而不是用"卓越"与之对应。"德性"接近于今人所说的"道德"，若说到两者的区别，我会说，德性更多在个人身上生长，而道德偏向于指称普遍的规范。希腊人常常列举四大美德：勇敢、智慧、正义、节制。以之衡量，苏格拉底可谓美德的化身。

苏格拉底的美德和卓越才智吸引了一批追随者。其中既有亚西比德、克里底亚、卡尔米德这样的上层政治人物，有富豪克里同，有欧里庇得斯、阿里斯托芬这样的著名剧作家，也有普通市民。青年一代里，有色诺芬和柏拉图。苏格拉底的朋友圈和青年追随者有很多出现在柏拉图的对话录中。

不过，苏格拉底不是乡愿，不可能被所有人欣然接受。他的所言所行也难免遭受时人的误解。阿里斯托芬著名喜剧《云》里的苏格拉底是这个样子的：他住在一个低矮的"思想居"里，神神叨叨蜷在一个悬挂着的大吊篮里，研究跳蚤的腿长与它一跳距离的比例。这位苏格拉底教导青年学习辩术，极尽巧舌如簧、黑白颠倒之能事，抨击传统，鼓吹赖债、乱伦，青年叛逆有理，儿子既然是自由人，自不必听从父命，殴打老爸也没啥错。把哲学家做成这样一幅漫画，原属喜剧的套路，实际上，阿里斯托芬的喜剧"包括了希腊人所有的生活场景：当时的政治场景和政治人物、主战派和反战派、绥靖主义者、女权主义者、自由贸易、财政改革、纳税人的不满、教育理论，还有当时的宗教和文学对话——一句话，所有普通公民感兴趣的事情尽在其中。所有的这一切都是他嘲笑的对象"*。阿里斯托芬和苏格拉底是朋友,想必没有人身攻击之意,但后来在苏格拉底审判中,这样的形象却很可能起了推波助澜的作用。

前面说到,智术师到各个城邦巡游,这个时期,雅典正处在文教鼎盛之期,智术师也以到访雅典作为盛事。雅典人见到的哲学家差不多都是智术师,阿里斯托芬把他们的负面特征安插铺陈到苏格拉底身上,这幅画面尽管夸张,恐怕也反映了很多雅典普通人对"哲学家"的观感。苏格拉底与智术师群体确实有很多貌合之处:质疑传统观念和流行信仰,提出各种新异之见,熟谙论辩技巧,对语词和概念的细微差别十分敏感。但他们之间的区别也颇为明显。主流智术师主张感官享乐,苏格拉底则一向重德性而轻享乐。智术师教人获取功名利禄的本领,苏格拉底只关心灵魂的提升。智术师收费授徒,苏格拉底从不收取学费。实际上,苏格拉底并不自诩有什么可传授的知识,他把令人困惑的问题摆到对话者面前,把对话者引入这些困惑,由此启发对话者自己去思想。苏格拉底的一

---

* 依迪丝·汉密尔顿:《希腊精神》,葛海滨译,华夏出版社,2014年,页103。

位追随者曾往德尔菲神殿求神谕，神谕称苏格拉底是希腊最智慧的人。苏格拉底听到后甚为不解，他琢磨一番，那意思也许是他的智慧在于知道自己无知。

伯罗奔尼撒战争结束后不久，苏格拉底遭到指控。指控提出两项罪名，一项是苏格拉底不信城邦公认之神而另立新神，一项是刻意败坏青年。雅典没有公诉制度，提出指控的是三位雅典公民。

前面说到，雅典的审判法庭由提交申请的公民候选人中抽签产生。苏格拉底的审判团由 501 人组成，表决结果，280 票支持定罪。接下来的一步是量刑。指控人提出的惩罚是死刑，不过，依雅典法律，被判有罪者若认罪，可以自己建议刑罚，由法庭在控方和辩方的惩罚方案中确定一个。苏格拉底的朋友们建议他认罪，并提出一个法庭可以接受的方案。然而，苏格拉底不认罪，并为自己做了长篇辩诉。柏拉图当时 28 岁，审判时在场，不久后写下《申辩篇》，为这份辩诉提供了一份文学版本。苏格拉底辩诉说，他对绝大多数人热衷的事情——聚敛财富、谋取职位、结党结社——都无兴趣，他的天职是改善人的灵魂——

但他并不能担保受教之人最后成为好公民而不是坏公民。他从事的是光明正大的活动，他的言论一向公开坦白，并无秘授学说或秘传弟子。他丝毫不悔自己的哲学活动，只要还活着，他就将继续下去，因为他的所做所言有益于他所深爱的雅典城邦。他不该为此受罚而应该得到褒奖，真要受罚，他可以交付一米纳，这是他拥有的全部财产。申辩已毕，苏格拉底最后说道："是时候上路了，我们各奔前程，我去死，你们活着，哪条道路通向更好的前景，无人知晓，只有神知道。"

苏格拉底若提议用放逐或大额罚金来替代死刑，审判团多半乐于接受。但苏格拉底现在建议用只够买一两头奶牛的一米纳来替代死刑，这显然激怒了审判团。定罪时是 280 票对 220 票，现在审判团以 360 票对 140 票判处苏格拉底死刑。苏格拉底囚禁在卫城山脚下的狱室里。在等待就刑的日子里，苏格拉底镇定自若，日日与朋友、学生探究灵魂的奥秘。他谢绝了帮他越狱逃往外邦的建议，他不愿逃离他深爱的雅典，那是他的事业之所，也就是他无法逃离的生命之所。这可说是一种另类的忠诚。他无罪，但他尊重城邦的法律，依照他自己一贯的主张，不义不能纠正不义而只能带来更多的不义。行刑的日子来临，苏格拉底从容喝下毒酒，安然赴死。

在希腊，尤其在雅典，对知名人士提出指控可说是家常便饭。这本小书里提到的不少人，克里斯提尼、地米斯托克利、客蒙、伯里克利、阿那克萨哥拉、普罗泰戈拉、菲狄亚斯、阿斯帕西娅、赢得阿吉纽西海战的雅典将军们，都曾遭到指控，有的成功脱罪，有的则被定罪，被处以流放乃至死刑。总体说来，死刑判决在古代要普遍得多。不少判决的公正性存疑，苏格拉底死后，雅典人也仍然在争论这场审判是否公正。色诺芬和柏拉图当然是为苏格拉底辩护，但也有人发表小册子为审判的正当性辩护。实际上，关于这场审判的讨论延续至今。有论者认为苏格拉底审判的真实原因在于他实属贵族派，图谋推翻民主政权；有论者用这一事例来揭露民主制度的缺陷和雅典言论自由的限度；有论者在其中看到哲学与政治的冲突。在黑格尔眼里，这场审判犹如一出希腊悲剧：朴素习俗与自由理性这两种正义之间的冲突。

这场官司显然有政治因素在起作用。三十僭主政权残酷迫害民主派，民主派浴血从僭主手里夺回政权，只不过是四五年前的事情，人们对所有这些都记忆犹新。依色诺芬的《回忆录》，有一位演说家赞同判处苏格拉底死刑，他提醒审判团，三十僭主之一的克里底亚正是苏格拉底的学生。不过，整体观之，我认为苏格拉底的审判主要不是政治审判，它更多是一场"思想审判"。

从思想审判的角度看，对苏格拉底的指控并非空穴来风。《云》里的苏格拉底用自然原因来解释风雨雷电，这也许可以说成用新神"漩涡"取代城邦公认之神宙斯而为宇宙的主宰。那么，苏格拉底是否败坏了青年呢？苏格拉底一生从事哲学探究，他自陈如此，后人也没有疑义。要说败坏青年，不妨问：哲学是否败坏青年？苏格拉底生活在一个剧烈转变的时代，传统信念暴露出很多混乱和矛盾。苏格拉底把自己比作牛虻，蜇刺雅典人，质疑他们的习惯信念，指责雅典人骄奢自大，引导他们认识到这些旧信念的不足，以更新的眼光来看待已经更新的现实。此所谓启蒙。然而，听者未必都能分辨何为严肃的启蒙努力，何为浮游无据的求新骛奇，启蒙大潮之中，难免有些后来人一味以离经叛道为高，行不伦不类之事。

一个社会欣欣向荣的时候，启蒙的新见会得到较多宽容。共同体面临危险的时候，民众在心理上感到恐慌，更容易敌视自己不熟悉的观念。苏格拉底的审判就发生在这样的时候。希腊是古代世界里最开明的，雅典的言论自由尺度尤其宽松。但自由的限度始终存在，更切旨的是，这个限度因时而异——有论者注意到，迫害时代和伯罗奔尼撒战争差不多完美重叠。穷理无禁区，政治有禁忌，哲学的小众特点对哲学起到保护，而当哲人介入公众生活的时候，哲学与政治的冲突就变得明显了。政治共同体，尤其是希腊城邦这样的共同体，需要某种"公认智慧"才能存续。哲学以何种方式言说为宜，在苏格拉底的学生柏拉图那里，成为哲学本身的一个主题。

苏格拉底被树立为哲人的典范：淡漠于财富功名，唯真理是求，刚直不阿，临危无惧。苏格拉底视哲学为融合在生活中的活动，不以哲学写作为然，没有留下任何文字。苏格拉底的思想是通过他的后学流传下来的。

苏格拉底的后学之中，最著名的当然是柏拉图。柏拉图的父母两系都是雅典的顶流望族，他接受了良好的教育，青年时期追随苏格拉底。苏格拉底死后，柏拉图游历了意大利和西西里等地。据不是十分肯定的材料，他在耳顺之年曾接受友人迪翁的邀请前往叙拉古，当时，狄奥尼索斯二世刚刚接过叙拉古的僭主之位，迪翁是他的姐夫，也是他的股肱之臣。柏拉图的从政活动以失败告终，本人也遭遇困厄艰险之境。回到雅典之后，柏拉图在雅典近郊阿卡德摩斯（Akademos）圣殿旁创建了一所学园，后来被称为 akademia，今天所说的学院、学园都来自这个词。柏拉图晚年就在这所学园里教学、写作。这所学园延续了将近一千年，直到东罗马皇帝查士丁尼一世于公元 529 年因其异教性质下令关闭。柏拉图的思想博大精深，他留下了数十篇哲学对话作品，是后世学者取之不竭的宝库。柏拉图学园也聚集、培养了一代又一代的哲人。古希腊所谓哲人，不是我们今天在哲学系里遇到的哲学教师，他们探究数学、物理学、天文学、生物学、诗学，凡系统知识，都在探究范围之内。

当年来到柏拉图学园学习的年轻人里，有一位是来自希腊北部斯塔吉拉的亚里士多德。他在柏拉图学园里学习、工作了二十年，柏拉图去世后，他离开雅典，到阿塔纽斯等地居住了几年，然后应马其顿王腓力二世之邀，任其子亚历山大的老师。可惜，这个最智慧的头脑向那一位将要成为史上最伟大征服者的少年传授了些什么，我们几无所知。八年后，亚里士多德回到雅典，他没有回到柏拉图学园，而是在雅典建立了自己的吕克昂学园（Lyceum），很长时间，这里是柏拉图学园之外的另一个学术中心。一般认为，柏拉图体系和亚里士多德体系是哲学的巅峰。亚里士多德的研究兴趣极为广泛，上至形而上学与天文学，下至动物学、经济学，后世各门基本科学都把他视作奠基人。亚里士多德的自然哲学统领西方自然研究将近两千年，直到近代之初，伽利略等人对这个体系提出了根本的质疑，开展出近代科学。

柏拉图和亚里士多德是苏格拉底两代学生里最著名者，但实际上，苏格拉底之后的几乎所有哲学流派都源自苏格拉底。居勒尼学派创始人阿里斯提波在伯罗奔尼撒战争爆发前即到雅典追随苏格拉底。与倡导快乐主义的居勒尼学派不同，斯多葛学派主张唯德性值得追求，这一主张直接承自苏格拉底。犬儒主义者或称嘲世者是苏格拉底精神的一个变体，他们藐视常人追求的一切，回归极简生存。一个故事说，犬儒第欧根尼住在一个大木桶里，无所营生，但他名声远播，乃至亚历山大大帝曾绕道去探望。大帝问他：先生，我若能为你做点儿什么，自当效劳。第欧根尼应道：那就请你站开一点儿，不要挡住我的阳光。

弥尔顿在《复乐园》中这样咏颂苏格拉底：

> 从他口中流淌出甘美的溪水，
>
> 浇灌了学院派哲学
>
> 所有的新旧学派，还有那些
>
> 号称逍遥派和伊壁鸠鲁派
>
> 以及严肃的斯多葛派……*

---

* 弥尔顿：《复乐园》，金发燊译，广西师范大学出版社，2004年，页136。译文略有改动。

第十六章　亚西比德

　　我最初是在柏拉图的名篇《会饮篇》里知道亚西比德的。夜宴已近尾声，讨论仍然热烈，门外忽然传来一阵嘈杂，已经烂醉的亚西比德嚷着要见阿伽通。吹箫女去迎门，亚西比德后面跟了几个人，进到屋子里。亚西比德头上戴着常春藤和紫罗兰编织的大花冠，嘴里嚷着，看，我来了，要么接纳我这个烂醉如泥的人一道接着喝，要么让我把这花冠戴到阿伽通头上，咱们各自走人。众人延他入座，苏格拉底让开一点儿，让他坐在自己和阿伽通中间。亚西比德出场的这阵仗让人一读难忘，有似林黛玉初入贾府时凤辣子出场的热闹。

　　这场夜宴的主要内容是每一位与宴者宣讲一段对爱欲之神爱若斯的颂词，亚西比德既然闯了进来，也该宣讲一段。但他没有颂扬爱若斯，而是讲了几个关于苏格拉底的故事，可以视作对苏格拉底的颂词。其中一个讲到苏格拉底在战场上搭救他，上一章曾经提到。另一个故事讲到他多年前在热恋中勾引苏格拉底而后者不为他的美貌所动。众所周知，古希腊盛行男风。希腊男女之间甚少激荡的爱情，男人之间的感情却可以十分强烈，阿喀琉斯因与阿伽门农不和，挂甲不出，眼见希腊人大败也无动于衷，但帕特罗克洛斯甫一战死，阿喀琉斯立刻冲上战场。在城邦时期，男风通常流行在一位"师傅"和一位青年之间。青年会怀抱敬爱之情追随一位成年表率，身为师傅的一方则会格外爱护这位青年。在运动场上，在处理各种事务之际，在各种公共活动或私人宴饮场合，青年观察师傅的行为举止，听取他发表的意见。他们平日在运动场上共同训练，战时在战阵中同进共退——有情人更愿冒死相助，更不愿在情人的视线下畏葸退缩。他们之间的关系从战友到情侣连成一片，性爱并不独占鳌头，因此，"同性恋"这个名称颇为误导，希腊语里也没有这个词。男风虽非丑闻，但勾引苏格拉底的细节，亚西比德是借着酒劲才出口的，虽然写在柏拉图的大作之中，我们这种正人君子读来还是会有点儿脸红。

亚西比德是一个奇异的人物，方方面面都极为优越。他出身名门，其父克里尼亚斯曾在希波战争的海战中立下卓越功勋。伯里克利是他的监护人。他受到广泛的教育，拥有多方面的才能。他六次参加奥林匹亚竞技会的战车赛项目，三次获奖。他非常英俊，魅力超常，到了这种程度——只要他到场，即使那些反对他政策的人，用不了多久就会被他迷惑住，赞同他的建议。

在伯罗奔尼撒战争中，亚西比德是个重要角色。他积极倡议西西里远征，并希望担任这支巨大军队的统帅。但很多雅典人猜忌他憎恨他，结果选用谨慎、虔诚的老将尼基亚斯为总司令，制约这位雄心勃勃的年轻将军。前面说到，远征军出发前，雅典城发生了毁坏赫耳墨斯神像的神秘大案。告密者称，这是一批年轻人所为，他们在私人住宅从事异教的神秘祭祀，背后则酝酿着一个推翻民主政权建立寡头制的政治阴谋。关于阴谋团伙的传言隐隐约约牵连到亚西比德。真相难辨，但史家一般认为事情正好相反，是反对远征的一方破坏了神像，借机对亚西比德等提出指控，阻挠出征。

亚西比德要求立刻进行审判，因为一旦他和支持他的士兵、水手远在征途，反对他的人会比较容易做出于他不利的判决。出于同样的理由，他的政敌要求推迟审判日期。

远征军按期出发。而后，指控继续发酵。在古希腊，亵渎神明是重罪，为了查明这起大案，议事会甚至暂时停用不得刑讯雅典公民的法条。当权者逮捕并处死了不少被指认为阴谋分子的显要公民，一时间，雅典城满布恐怖气氛。议事会决定派遣一艘战船到西西里前线，把亚西比德和另外几个嫌疑人带回雅典受审。亚西比德一开始服从了，但此后也许对雅典的形势有了更多了解，感到审判凶多吉少，于是逃往意大利内陆，从那里又去了斯巴达。雅典对亚西比德进行了缺席审判，他和另外几个嫌疑犯都被判处死刑，籍没家产充公。

在斯巴达，亚西比德鼓动斯巴达联盟出兵西西里攻打雅典军队。他声称他提出这个建议出自对雅典的爱——雅典的掌权派不能代表雅典，实际上他们的种种措施正在损害雅典的利益，"我所热爱的雅典不是迫害我的雅典"，打击这些执政者不是攻击自己的母邦，而是努力帮助它。但不管怎样，他的建议没有得到响应，斯巴达只派出四艘战舰。

逗留斯巴达期间，亚西比德与斯巴达王阿基斯二世的妻子通奸，事发之后逃往爱奥尼亚。那一段时间，西西里远征的惨败严重折损了雅典的实力，伤害了雅典的威望，米利都等爱奥尼亚城邦相继反叛雅典。其时，斯巴达联盟的军队已经大批进入这一地区，波斯人则念想着恢复往日对这一地区的统治。三方你争我夺：阵前，将士在英勇作战；幕后，秘密使团往往来来，讨价还价、勾结、背叛、出卖。斯巴达人领取波斯的金钱，用更高的出价雇用水手，充实自己的舰队，同时暗许波斯人接管那些摆脱了雅典的沿海城邦。波斯在爱奥尼亚的总督提萨弗尼进驻米利都，亚西比德投于他麾下，并利用他与提萨弗尼的亲近关系，同时与斯巴达和雅典周旋，左右逢源。

在雅典本邦，叙拉古等地的败绩让雅典人，尤其是贵族阶层，对掌政的民主派产生强烈的不满。贵族派希望与波斯结盟，与斯巴达媾和，他们为此急切寻求亚西比德的协助。亚西比德响应这些人的邀请，他还尝试说服提萨弗尼把支持斯巴达的资金转过来支持雅典，但没有成功。

贵族派中的极端派走得更远，他们痛恨民主制度，希望建立一个由上层菁英控制的准寡头制政府。他们进行了一系列操作，同时也采用恐怖手段刺杀民主派领袖，实现了他们的愿望，修改了宪法，用一个四百人议事会取代了公民大会。

在爱奥尼亚，很多城邦也从民主制转变为由斯巴达支持的寡头制。萨摩斯的寡头派一度夺得政权。对雅典来说，萨摩斯的重要性无可比拟——雅典的主力舰队就驻扎在那里。雅典水手多半是民主派，他们动员起来支持萨摩斯的民主派，成功夺回了政权。民主派推举雅典军队的统帅色拉西布洛斯为领袖。他把亚西比德请到萨摩斯，一个原因是指望他能把波斯人拉拢过来支持雅典。色拉西布洛斯属于温和派贵族，虽不赞成极端民主制，但反对贵族极端派操纵的四百人议事会。在这一点上，亚西比德与他立场相同。雅典水手的民主倾向则更为激烈，他们痛恨此时在雅典执政的寡头政府，打算兴师问罪。亚西比德成功劝阻了这些激愤的水手，一场灾难性的内战得以避免。权威著作《希腊史：迄至公元前 322 年》的作者哈蒙德认为这是亚西比德一生中为其母邦做出的"最大贡献"。在雅典城，民众也群起反对由极端派贵族掌控的政府，他们设法召开公民大会，罢免了四百人议事会，把权力交给五千人大会。这是一个间于寡头制和彻底民主制之间的温和政体，主要代表重装步兵这个相对富裕的阶层。

五千人大会通过决议，同意召回亚西比德参战。这时候，爱奥尼亚的局势相当危险，斯巴达联盟已经控制了绝大部分爱奥尼亚地区，同时，斯巴达陆军进入赫勒斯滂海峡，与那里的波斯总督勾结，威胁雅典的粮道。亚西比德和色拉西布洛斯率雅典舰队北上，与斯巴达联盟在海峡展开一系列战斗，雅典方面逐渐取得了优势。公元前 410 年春末，在马尔马拉海，雅典海军在基齐库斯战役中痛击伯罗奔尼撒同盟，击毁近 150 艘敌舰，俘获大批俘房。身为这场战役的雅典统帅亚西比德声望大噪，此后数年，他都入选出任重要职务。这场大胜仗迫使斯巴达背着波斯向雅典提议和谈。这时候雅典已废除了走温和路线的五千人大会，掌政的是更为激进的民主派，他们拒绝了斯巴达的和谈提议。

战争继续，争夺的要点仍在赫勒斯滂海峡。亚西比德率领雅典军队投入一场一场苦战，收复了拜占廷等城邦，保障了黑海粮道的畅通。在东征西战的同时，亚西比德为雅典搜刮了大量财富，用以支持战争。公元前407年夏季，亚西比德回到阔别八年的雅典，雅典人把他作为拯救雅典颓势的战争英雄来热烈欢迎，好像忘记了他曾身负渎神指控而逃亡，曾投奔斯巴达与波斯。

尽管仍有不少雅典人不信任亚西比德，但公民大会最终还是任命他为统率海陆军的总司令。这时离战争的结束不到三年。亚西比德率领舰队出征爱琴海，他把舰队主力留在诺提昂——那里是他建立的海军基地——由副将安条克斯指挥，自己去参加攻打弗凯亚的战役。安条克斯过于莽撞，贸然对斯巴达联盟的舰队发动进攻，结果大败于吕山德之手，爱琴海的战略形势从此逆转。雅典人罢免了亚西比德。他不敢回雅典，逃往他在加里波利半岛上为自己建造的城堡。后来他再次投靠波斯，充任波斯王的顾问。公元前404

年，伯罗奔尼撒战争结束的那一年，亚西比德在弗里吉亚去世，据说死于斯巴达派出的刺客之手。

亚西比德的个人禀赋世所鲜见，在伯罗奔尼撒战争后期，他还展现出卓越的军事才能。他最终败于吕山德，更多是大势使然，非战之罪也。他像吕山德一样野心勃勃，但不像吕山德那样残酷无情。另一方面，亚西比德的缺点也很明显。他的战略眼光无法与伯里克利相比，西西里远征是他提议的，这是雅典一次重大的决策失误，可说是战争形势的转折点。更为后世诟病的，是他朝秦暮楚，在斯巴达、雅典与波斯之间覆去翻来。

关于亚西比德的逃亡值得多说几句。古人一般安土重迁，商人、手艺人，机会合适，不妨到外邦去发展，但对大多数民众，离乡背井的日子不会好过。对希腊人来说还多出一层忠于母邦的信念，出于这一信念，苏格拉底宁死也不愿逃离雅典。不过，苏格拉底所做的不是政治选择，事涉政治人物，事情就比较复杂。阿吉纽西海战之后，雅典人把大获全胜的将军们召回雅典受审，多数将军没有选择逃亡而是回到雅典，最后都被不公正地判处死刑。在这之前，地米斯托克利曾做出不同的选择。希波战争之后，雅典人依陶片放逐法放逐了这位海军统帅，后来，斯巴达最出色的统帅波桑尼亚因被控与波斯勾结受到审判，审判牵连到地米斯托克利，雅典人遂决定在其流亡地阿尔戈斯逮捕他送回雅典受审。这位希波战争雅典一方的领袖于是逃到波斯，在阿尔塔薛西斯的宫廷里度过他的晚年并在那里寿终正寝。

如果在母邦执政的是敌对的政治派别，事情就更加复杂。留在母邦不仅有可能在政治上受到迫害，政治迫害还可能有私人怨怒掺杂进来。事实上，在政权争夺中落败的政治人物常常逃亡他邦，常常借助他邦的支援卷土重来。亚西比德鼓动斯巴达攻击雅典海军的时候大致是这样为自己辩护的。亚西比德的自辩未见得成立，但一个反对现政府的真正爱国者的确有可能陷于两难。

亚西比德是不是真正的爱国者呢？在战争后期，他纵横爱琴海，为雅典立下赫赫战功，但他逃亡后的一项一项作为，无论如何无法讲成一个忠于母邦的连贯故事。若说亚西比德确实有一份英雄的光彩，那也更多是"个人主义"的英雄。人们常说个人主义是希腊的特色，但在不同时期，希腊的个人主义有不同表现。希腊的菁英人物一向追求个体的卓越，但在城邦盛期，个人的雄心融化在城邦的光荣之中。现在，城邦伦理衰落了，杰出人物的个人雄心往往盖过了对城邦的忠诚，甚至要凭借个人的才能去左右城邦的命运。雅典人一直不愿过于纵容亚西比德，担心他会变身为僭主，这不是没道理的。尽管如此，亚西比德一次又一次得到雅典人的欢迎，由此也可见希腊人对"个人英雄主义"的容忍度之高。

第十七章 城邦人

阿德曼托是个鞋匠，一位普通的雅典公民。他起身很早，不吃早饭，洗漱过后就溜达出门。今天他是去参加公民大会——每年要召开 20—40 次公民大会，阿德曼托热心公共事务，若非有急务羁绊，他就会去参加。

在普尼克斯建有专为召开公民大会的建筑，会议厅的形制与剧场相仿，规模很大，挤一挤可以塞进 8000 人，开会期间常常满场。时值农闲季，与会者不少是来自四郊的农民，他们有些是专程来开会的，有些要在城里办理其他事务。那些远离城市的农民须得走上一天。雅典公民热心参与公民大会，因为会上讨论和决定的种种事务大都跟他们直接相关：推举哪些人为执政官？体育场是否需要扩建？此外，参会者还可以领到一份津贴，虽不如一天的营生所得，但不无小补，而对赤贫的人来说则是一份正式的收入了。公民没有贵贱之分，穷苦百姓在会场里跟名门望族并排杂坐。

大会的主持人是从议事会成员中抽签选出的。向诸神祷告之后，主持人宣布议题和议程，宣读议事会处理议题的建议。议题在前两天已经广而告之，昨天下午在广场上，阿德曼托也已经跟熟人好生议论过一番。这里译为"广场"的是 agora。agora 位于卫城脚下，小商小贩到这里做买卖，因此也是市场。民众通常聚集在这里，讨论各种各样的城邦事务，八卦各种消息。所以，agora 全然不同于我们泱泱大国的广场，宽广庄严，适合国家元首在那里阅兵、俯观团体操表演。散布在欧洲城市里的街心广场则庶几近之，人车往来，适合人们约会、小聚，谈天说地。

宣读议事会建议之后，与会者可以自由请求发言，有时候，意见相左的发言人投入激烈的辩论。午前，讨论结束，主持人宣读大会形成的提案，与会者举手表决，以简单多数决定是否通过。提案一经通过，即成为法令。阿德曼托不擅长辩论，很少请求

希腊别传

发言，但他是个有主见的人，总是按照自己的判断投票，哪怕他这一派的意见只是少数。

希腊的公共活动很多，公民大会而外，还有审判法庭，还有不少节庆。所有节庆都是宗教节日，民众在神殿献祭、祈祷，继之以游行和各式各样的赛会。有些节庆是一个城邦独有的，有些则是全希腊人的节庆，例如奥林匹亚赛会、泛雅典娜赛会。有的由城邦出资举办，有的则是富人出资举办的。城邦不对富人抽更多的税赋，但按照习俗，富人要为公共事务贡献资金，建造并维护一艘战舰，资助戏剧节，赈济灾民。有些富人出手慷慨，因此赢得良好的声誉，如果他本人或他子侄有意从政，这样的声誉不无裨益。

散会后，阿德曼托跟几位朋友说着闲话回家。家宅坐北朝南，门前有一个柱廊。住宅区隔成两部分，前面是正厅，阿德曼托在这里招待访客；穿过中央天井后是内院，那是女眷的活动空间，不允男性访客涉足，女人们白天在那里起居，也在那里纺线织布，安排膳食。

午餐已经备好。城邦人一日两餐，午餐和晚餐。餐食甚为简单，面包、鱼、几颗橄榄，平日不大吃肉。

本来，希腊人的粮食以大麦为主，希腊土地贫瘠，小麦不宜，后来，贸易发达，城邦人可以经常享用黑海北面运来的小麦了。

在家里，阿德曼托拥有绝对威权，妻子儿女都要顺从他的决定。家里设有神龛，一家之长率家人祈祷和祭祀。希腊人虔敬神明，孩子出生、青年结婚、老人死亡，出海远航或临敌开战，不管大事小事，逢三逢五都要例行祈祷、献祭等一套仪式。希腊人站着祈祷，神明并不对人的内心说话，敬神人心里也没有什么诚惶诚恐在翻腾——敬神的种种仪礼都做到了，就是虔诚。希腊宗教并没有要求信徒内心信奉的教义，更没有复杂深奥的神学体系。时不时会有多事之徒告发哪个公民有渎神的言行，但并没有常规管理宗教事务的城邦机构。

阿德曼托有三个孩子，儿子，女儿，儿子。大儿子不在家，他年满 18 岁就在集体中过兵役生活。把这说成服义务兵役不很确切，城邦没有常备军，所谓服兵役更像在军校培训，体育、军事技能而外，也接受音乐、道德、宗教方面的教育。两年服役将满，儿子就要成家立业、结婚生子。宗嗣永续是天大的事，没什么比绝后更糟心的。真没有子嗣怎么办？城邦立法之时费了好多心思来考虑这类情况，最经常的做法是，城邦人过继一个男性亲属，以便身后不至于断了香火。

女儿平常在家里做母亲的帮手，烹制饮食、洒扫庭院、纺纱织布。女孩子不上学堂，但在家里也学会认字、算术。她今年 15 岁了，婚约已经订好，男方将近 30 岁，人品和从业已经定型。小儿子还在上学。城邦没有官办的学堂，但城里有私塾，男孩子在那里学习诗歌、音乐，更注重的则是身体训练，因为他不久将成为一名战士。连同身体训练一起得到培养的是勇气和忍耐力。他也学习读写和算术。希腊大多数地区都有很多人能读会写，连自己签名都不会的人非常少见。不过，阅读和算术不像今天这么重要，汲取知识的主要途径是口传，除了父兄的日常传授，人们在节庆日听到歌者咏诵荷马，在戏剧中了解神话、传说和历史。至于算账，那多半交给奴隶去做。

阿德曼托是一家之主，管教孩子是为父的责任，不管日常里母亲做了多少，孩子生出事端，邻里要谴责的总是父亲。孩子要培养自尊，不可辱没家门和自己的身份。第一件大事则是敬畏神明。孩子必须培养必要的品德：自律而勿骄狂，尊敬父母，善待外乡人，不可违背誓言，不可吞食承诺。自古以来这些都是神明的要求，违反了这些规矩就触犯了神明。

阿德曼托的妻子呢？可惜，我们对她了解很少。流传下来的作品很少描述女性的日常生活，几乎从不谈到母亲。偶或谈到女性，不外乎谆谆训导她们严守妇道。像其他古代社会一样，古希腊是个男权社会。对希腊的批评，最常见的是他们蓄奴，其次就是女性地位。女性被排除在社会-政治生活之外，她们的角色只是家务劳作、生养儿女。从法律看，这一点很清楚——她们没有完整的公民身份，更不能担任公职。女性避居住宅的后院，与外部世界绝缘。终其一生，女性都要有人监护，未婚前由父亲监护，婚后由丈夫监护，丈夫死了由某个男性亲属监护。

希腊语里没有特指丈夫和妻子的语词，也没有对丈夫出轨的谴责，不像今天，婚姻被视作神圣的，忠于夫妻关系被赋予崇高的道德地位，乃至道德败坏常常指的就是"不正当男女关系"。希腊语里甚至没有哪一个词相应于我们所说的"爱情"。现代文学作品里在在都是的谈情说爱，在荷马史诗和希腊悲剧中不见踪影。希腊喜剧也不像近代喜剧那样喜用偷情题材。在希腊作品里找不到卡门和苔丝，无论妻子还是情人，希腊人更愿接纳温和的、务实的女性。我们这个时代如此尊崇爱情，因爱情而犯傻甚至犯罪，似乎总能够赢得同情和宽宥。这种尊崇一定会让希腊人感到奇怪。《伊利亚特》从阿喀琉斯的愤怒开篇，因为阿伽门农夺去本属于他的女俘，但我们显然不能把这说成两个男人同时爱上了一个女人。特洛伊战争这场惊天动地的战争说起来缘起于帕里斯携海伦私奔，海伦是宙斯的女儿，人间绝色，这个引发世纪战争的女性浑身该有多少魅力？但无论事涉海伦本人还是她与帕里斯之间的情感，荷马都没着什么笔墨。特洛伊烧成灰烬，海伦自随原夫墨涅拉奥斯返回斯巴达，安然重续往日的王后生涯。大多数时候，女人就像没有灵魂的上好物品那样被争来抢去。

不过，我们恐怕不能像芬利那样断论，在荷马史诗里，所有男子和女性的关系"都缺乏深度和强度"[*]。奥德修斯经历十年的苦难旅途，也经历女神的安乐之

---

* M. I. 芬利:《奥德修斯的世界》，刘淳、曾毅译，北京大学出版社，2019 年，页 136。

乡，但他回乡之心不改，珀涅罗珀显然是他家园渴望的一部分，虽然史诗中从不曾明确提到他想念自己的妻子。奥德修斯扮做乞丐回到自己的家宅，珀涅罗珀善待这个乞丐，奥德修斯称赞道："我的女主人，偌大的世间没谁能挑出你一点儿毛病。"在我读来，赫克托耳和安德洛玛刻在城头相遇的一段大概最接近现代人所理解的爱情。赫克托耳在鏖战间隙赶回家，却未见到妻儿——安德洛玛刻正好带着孩子去望楼探听战况。两人后来在城门下相遇。安德洛玛刻流着泪，把手放在赫克托耳手里，恳求他不要贸然出战。赫克托耳回答，比起全体特洛伊人，比起父母兄弟，他"更关心安德洛玛刻的苦难"。当然，身为王子，不畏一死奋勇当敌是他"逃不过的命运"。希腊悲剧塑造了更多让人难忘的女性角色，前面讲到的安提戈涅就是一例。不少女主角意志坚定、行事果断、充满智慧。在欧里庇得斯的一出剧目《被缚的墨拉尼珀》中，女主角墨拉尼珀说得直截了当："女人比男人更为优秀。"

女性不仅出现在戏剧之中，她们也出现在剧场的观众席上。某些戏剧台词以及其他记载告诉我们，至少有些戏剧允许妇女和孩子入场观看。其实，我们很难设想在整体上十分开放的希腊社会中，女性会在方方面面受到严苛的约束。像很多其他社会一样，中上层阶级的女性受到更为严格的束缚，下层阶级的妇女要自己干农活，要到市场卖货、购物，找点儿这样那样的事情做，顾不了那么多男女大防。"好人家"的女性不宜抛头露面，但她们也有机会在婢女的陪同下去参加节庆和亲戚家的婚事丧事。城邦还有专为女性设立的集会。男人的雅集也并非全无女性的身影，这一类女子被称为 hetairai，有点儿像艺伎，她们多半是外邦人、女奴或获得自由的女奴，在雅集上演奏长笛、竖琴，唱歌舞蹈。最著名的是阿斯帕西娅，她是伯里克利的女伴，聪慧多识，教养上乘。像苏格拉底一样，她在阿里斯托芬的喜剧里遭到一番嘲讽，也像苏格拉底一样，遭人以不敬神明起诉，伯里克利竭力为她辩护才被宣布无罪。

古代作家很少写到这些，更少去描写男欢女爱、三角恋、偷情，多半是由于他们不认为这些是文学作品的适当题材。用基托的话说，"古典希腊的文学不会考虑个体的问题，它是'政治的'"*。女性生活局限于日常活动，而古代作品不关注日常活动。这些题材更多出现在希腊瓶画上，我们可以看到会饮场景中吹奏长笛的女子，可以看到丈夫与妻子手拉着手，深情对视。

这一切改变不了希腊社会是男权社会的基本定性。不像今天，女性自由出入于各种场合，很多女性活跃在公共舞台之上。我把这视作现代社会的一个巨大优点。

妻子儿女而外，阿德曼托家里还有两个奴隶，一个男奴，一个女奴。女奴是妻子的助手，在作坊里一道纺织，在厨房里一道做饭，打扫房间院落也是她的职责。男奴在鞋匠作坊里工作——作坊跟家宅连在一起——也负责鞋匠铺的账目往来。越来越多的人现在日常出门也穿鞋了，鞋匠铺的生意颇为兴隆。男奴还常常随阿德曼托出门，照应主人的不时之需。

据史家估计，阿提卡盛期约有 12.5 万名奴隶。

---

* 基托：《希腊人》，徐卫翔、黄韬译，上海人民出版社，1998 年，页 292。

奴隶被役使来做各种各样的事情。最大宗的是家奴，他们住在主人家里，是这个家庭中的低等成员。在农村，他们从事各种田间作业。家奴之外还有公共奴隶，一部分在官属的手工业作坊里做工，另一部分在矿场和其他公共工程劳动。矿场的奴隶处境最糟，他们在暴力监管下劳动，不但工作劳累，而且几乎没有人身自由。希腊史上虽没有成规模的奴隶起义，但前面"伯罗奔尼撒战争"章中曾讲到，战争末期，劳里昂银矿有大批奴隶逃亡。不过在多数情况下，奴隶的境况不至于暗无天日，像《地下铁道》里描写的美国南方黑奴那样。希腊法律规定，虐待奴隶要受惩罚。家奴的待遇视所在家庭而定，戏剧家嘲笑守财奴主人，供给奴隶很差的伙食，善良的主妇则会细心照料生病的奴隶。在私人关系中，自由民和奴隶交友并不鲜见。主人会任用聪明的奴隶为管家，做账房，他由此谙熟经营之道，后来自己做一份买卖，蛮可以发财。一个名为帕西翁的奴隶，因工作出色赢得了公民身份，后来成为希腊最富有的人——不过他似乎名声不佳，遭到两位互为对头的演说家德摩斯梯尼和伊索克拉底的激烈抨击。在很多城邦，奴隶可以赎买自己，成为自由人。主人也可能因为某个奴隶富有才华而解除其奴隶身份，最出名的一例是擅长讲寓言故事的伊索。

各种类型的奴隶的生活境遇有很大差别，但他们都没有公民身份和政治权利，社会身份也低人一等。他所在的城邦不是他的城邦，因此他也没有公民-战士之责。不过，主人上战场，常常带着侍从奴隶照料后勤。

奴隶的一个主要来源是战俘，不仅战俘会成为奴隶，被攻占地区的女人、孩子、并非战俘的男人，也会像战利品那样遭到劫掠，成为奴隶。海盗劫掠人口，卖作奴隶。有些人因犯罪而降身为奴。在战争中被俘或在经商时被海盗绑架而沦落为奴是件悲惨的事，他本来也是个堂堂男子，受过教育，多所阅历，头脑不亚于他的主人。就连柏拉图那样出身名门学富五车，也差点儿被卖作奴隶。降身为奴肯定是不幸的。不过我们知道，更早时候，战俘以及被占领地区的男人多半都被直接杀掉。英雄豪杰不自由毋宁死，但那不是普通人的选择。

希腊社会最为今人诟病的是蓄奴制度。当然，蓄奴并非独特的希腊现象。中国春秋时候，一个大贵族蓄养的奴隶可多至千家以上。不过，希腊人格外崇尚自由，格外富于自我批判，他们竟把蓄奴视作平常，很少反思和抨击这种罪恶制度，难免让后人对他们格外不满。

下午有一大块时间阿德曼托是在运动场上度过的。在那里，他脱去衣裳，赤条条加入跑步、角力、投枪的人群之中。依照罪感文化和耻感文化的两分，希腊属于耻感文化，但他们不觉得暴露身体有什么可羞可耻。希腊人对强健身体的热爱，从流传下来的雕塑可见一斑，这种对身体之美的热爱自有"实用"的来源——他随时可能征战沙场，肉搏之际体力强弱可是生死攸关之事。

多种体育活动发展成正式的竞赛项目，重装竞走、跳远、铁饼、标枪、摔跤、战车赛。全民运动会是希腊的发明——今天最重要的世界运动会即以奥林匹克为名。世界上其他地方零零星星也发展出一些竞技体育活动，但没有哪里发展出奥林匹克运动会那样的建制。

我们不止一次说到，希腊人追求卓越，热衷于竞争，凡事都要分出个优劣来，更快、更高、更强、更高贵、更完美。体育竞赛集中体现出希腊人的这一方面——athletics（体育）的希腊原词即意指竞争。早在荷马描述的帕特罗克洛斯的葬礼上，我们就看到过希腊武士们的竞赛。在色诺芬的《长征记》里，希腊军队历经千辛万难，终于来到大海边，他们稍事休整，立刻举办了一场赛会。前面讲到过，希腊人不像我们这样看重纯粹内心的东西，arête 或卓越要求展现，而体育竞技场正是展现的典型舞台。在运动会上，选手既要尽力拼搏，同时也要遵守规则。优胜者赢得热烈欢呼，城邦为获胜的本邦公民戴上桂冠，为他终生提供在市政厅免费就餐的优待，在广场上为他竖起雕像——最开始，只有那些在体育竞赛中获得优胜的运动员有此殊荣。不过，优胜者不会把荣誉都归于自己，他像古代英雄一样，感激神明的佑助——命运难料，获胜更多来自诸神的眷顾。优胜并不全在人为，卓越不全在胜过他人，更在于敬奉给神明。

依照规则奋力竞争的精神不仅在希腊创造出竞技体育，这种精神渗透在各种活动中。所谓运动会并不只有体育竞赛，那里也举行音乐、舞蹈、诗歌、戏剧等各种比赛，所以不如泛泛称作"赛会"。赛会是希腊世界的盛事。悲剧和喜剧也像运动项目一样以竞赛的方式出演。每一年的戏剧节要评出冠军。[*]上文提到，埃斯库罗斯在戏剧节上曾有 13 次赢得了桂冠，直到索福克勒斯夺冠。"从身体力量延伸到智识的领域，延伸到诗歌和戏剧作品的表演——再没有什么比这更能简洁地界定希腊文化的特质了。"[**]在所有精神创造活动里，哲学大概最少竞争性质，但我们在不同的希腊哲学学说那里仍能隐隐觉察得到竞争之意。政治中当然充满竞争，而民主政治可说是堂堂正正按照规则竞争。

我怎么越说越板正了？在运动场上，阿德曼托又重新变成了一个青年、一个孩子，赛跑、投掷、角力，样样都变成游戏。一位埃及祭司曾对梭伦说："你们希腊人永远是孩子，没有年老的希腊人。"是

---

[*] 戏剧家的竞争并不止于戏剧节的竞赛形式。青年学者颜获在《三个埃勒克特拉》（《北京大学学报，2024 年第 1 期》）一文中讨论了埃斯库罗斯《奠酒人》、索福克勒斯《埃勒克特拉》、欧里庇得斯《埃勒克特拉》这三部悲剧中对这一人物的处理，雄辩说明三位剧作家对"弑母"主题的竞争性解释。

[**] M. I. 芬利：《奥德修斯的世界》，页 127。

啊，希腊人喜欢好玩的事情，从四肢的运动到哲学运思，样样都给人带来乐趣。总之，竞技体育十分希腊特色，凝聚了希腊人多种特点：好玩，身心充满活力，崇尚健美，爱展现，爱竞争，同时讲求规则和公平。希腊人是青春的象征，竞技体育是希腊人的象征。

痛快淋漓地运动了一个时辰，阿德曼托下了操场来到浴室。他浑身涂上橄榄油，然后用木板细细刮去污垢，再用清水淋过。同时在浴室的，有几位他的好友。人们来运动场，原不只为强身健体，这里像广场一样是朋友、熟人经常碰面的地方。阿德曼托一面刮澡，一面听他们说笑，谈论各色逸闻趣事。阿德曼托自己话不多，但他很重视与朋友的聚会。像其他传统社会一样，希腊人重视友情。一个实际的原因是，政府并不提供社会服务，所有的事情都要城邦人自己动手来做，一个人做不了的，就得靠朋友帮忙。碰到诉讼之类的麻烦事，社会关系更不可少。在重大事务上，要靠宗族，在日常生活里，要靠朋友。亚里士多德多次说道，爱朋友的人到处受到赞扬。德性而外，朋友是最大的善好。他还说，友爱在政治中同样重要，友爱维系着城邦，立法者重视友爱甚于公正。

看看天色已晚，阿德曼托穿起衣裳，与朋友道别回家。晚餐在等着他，晚餐之后，结束这个平常的日子，早早就寝。

第十八章　城邦日暮与马其顿的兴起

　　伯罗奔尼撒战争结束的时候，斯巴达是整个希腊当然的盟主。早在战争结束之前，斯巴达联军已经攻占了爱奥尼亚的很多希腊城邦。爱奥尼亚地区有长期的民主制传统，但现在，吕山德在那里支持建立的差不多都是贵族寡头制政府，并且要求这些城邦向斯巴达缴纳贡金。另一些爱奥尼亚城邦则被波斯重新接管，再一次沦为波斯的属地。斯巴达向雅典宣战的时候，它的旗帜是还希腊人以自由，但是现在，这些即使在雅典威权之下仍然保持独立身份的城邦却不得不接受更加直接的外来统治。

　　斯巴达从来不是一个富裕的城邦。战争期间，尤其在战争后期，斯巴达方面一直饱受经济资源不足的困扰，依赖波斯的财政支援才幸免于崩溃。斯巴达在战后获得的霸主地位也在相当程度上仰仗波斯金主。但同时，大量金钱流入毁坏了崇尚简朴的斯巴达精神。城邦内部的矛盾加深，派系阴谋和变乱频仍。吕山德到处树立对他的个人崇拜，斯巴达国王和其他显贵对此既嫉妒又担忧。

斯巴达战后推行的总体方针是帝国取向的，但斯巴达人不拥有建立和维持帝国的物质资源，也没有思想文化上的资源，缺乏管理一个帝国的经验。这跟此前的雅典形成鲜明对照——雅典也曾怀抱帝国的野心，而同时，雅典也有建立一个帝国的能力，这个能力不仅包括雄厚的财政和强大的军力，也包括治理能力，包括制度上文化上的影响力和感召力。"斯巴达的政体属性及斯巴达人的精神气质本不适宜步雅典的后尘，建立另一个帝国，但她却执意要将刚获得解放的城邦置于其统治之下。"* 只靠一支强大的军队和酷烈镇压反抗的政策从来不足以维持一个帝国。实际上，斯巴达推行的帝国政策很快引起反弹，那些渴望独立自主却再次受到欺压的城邦很快联合起来，共同

* J. B. 伯里:《希腊史》，陈思伟译，晏绍祥审校，吉林出版集团，2016 年，页 627。

对抗斯巴达。底比斯、科林斯、雅典、阿尔戈斯组成了反斯巴达的城邦联盟。底比斯在战争期间遭受的损失较小，到战争后期相对实力颇为突出，斯巴达当初拒绝摧毁雅典的建议，很大程度上就是忌惮底比斯势力的进一步扩张。斯巴达的老对头阿尔戈斯也是一个大邦。科林斯在战争期间一直是斯巴达的铁杆盟友，现在也站到斯巴达敌人的一边。

反斯巴达联盟得到了波斯人的支持。波斯人当初支持斯巴达，目的很明确：击败雅典。雅典已被击败，斯巴达一邦独大，波斯人就反过手来支持反斯巴达的联盟。这是波斯在希腊内讧中始终一贯的方针，波斯人虽然再也没有入侵希腊，但一直通过财政支持等多种方式影响希腊城邦此后的争霸斗争。

伯罗奔尼撒战争结束后不过十年，爆发了反斯巴达联盟与斯巴达之间的"科林斯战争"。这场持续了数年的战争刚刚开始，吕山德阵亡。此后发生了几次重大的战役，各有胜负，这期间，底比斯的势力不断扩张，斯巴达的力量被不断削弱。尤为讽刺的是，科林斯战争最后是奉波斯人的"大王和平敕令"结束的。和平并没有持续很久，公元前371年，底比斯军队在其天才统帅伊巴密浓达的率领下重创斯巴达军队，结束了斯巴达霸权。斯巴达从此再也没有重新崛起。底比斯取代斯巴达成为希腊的霸主，但其威望远远比不上此前的雅典和斯巴达，它的霸权地位很快就衰落了。

城邦此兴彼衰的故事仍在延续，但这些故事不再动人。就像亚里士多德说的那样，城邦不再企望平等相待，有些城邦谋求统治他人，有些城邦被人战胜后，自甘忍受他人的统治。旷日持久的战争削弱了几乎所有的希腊城邦，消耗了希腊的人口和财富。贸易不再那样繁荣。富裕农民数量大大减少，没有哪个城邦还能够供养一支强大的重装步兵。从前作战的是公民军队，战争的胜负在很大程度上取决于公民对城邦的忠诚，而现在则要看一个城邦有多少金钱可以买到更多的雇佣兵。只要有钱，倒是不用为兵源发愁，到处都可以找到除打仗外身无长技的退伍游勇，穷困潦倒的城市贫民，失去土地的农民。应召入伍的还有外邦人甚至奴隶。希腊战事消歇之际，他们就跑去波斯，充当波斯王的雇佣军。色诺芬的《长征记》所记述的就是这样一支雇佣军队的故事。战士和战争本身都变得更加职业化，同时也变得更加残酷。

　　衰减的不仅是财富，城邦的政治活力、城邦人的精神创造力也大不如往昔，"财富消失了，随之而去的还有文化"，城邦人对自己的政治体形态的信心大不如以往。进步、繁荣、自信、充满希望的希腊一去不再复返。"从伯罗奔尼撒战争结束的时候开始，神圣性就从城邦中消失了。"*很多城邦陷入不断的内斗，不是为理念斗争，只是派系之间的倾轧。暮色笼罩了希腊的众多城邦，这是一个漫长的日暮，城邦形态还将延续很多个世纪，但不再辉煌。

　　正在这个时候，马其顿崛起了。马其顿人原是南侵希腊人的一个分支，但与当地部族更多混合，他们的语言原来也是希腊语，但后来发展成独成一支的马其顿语，与希腊本部人的语言差异不小。马其顿王族则既说马其顿语，也说希腊语。马其顿人把自己视为希腊人，而在本部希腊人看来，马其顿是半开化的，接近于蛮族。

---

*　布克哈特:《希腊人和希腊文明》，王大庆译，上海人民出版社，2012 年，页 374、368。

马其顿位于希腊本部北面，夹在发达的南方希腊城邦和其他方向上的强大蛮族之间，马其顿人在两者之间挣扎图存，并通过艰难的努力有所发展。公元前 359 年，21 岁的腓力被推举为马其顿幼王的摄政。腓力雄才大略，在两三年间交替运用军事手段和外交手段分化瓦解了迫在眉睫的各种外部威胁，抑制了蛮族入侵的势头。马其顿人遂推举他为王，是为腓力二世。

腓力二世是历史上难得一见的伟大领袖，他稳定了局势之后，转守为攻，击败了西北的伊利里亚人和东边的色雷斯人，并与此前一直在这一地区有巨大影响力的雅典争锋。这时，他已经建成一支对他极为信任的公民军队，战力强劲，相反，雅典及其他希腊本部城邦现在主要依赖雇佣军作战，在数次战役中都落了下风。腓力在取胜以后通常善待敌手，赢得了广泛的好感，周边邦国有越来越多的人成为亲马其顿派。

腓力拓展马其顿的领土和人口，建设道路和海港，开发矿产，铸造钱币，鼓励贸易。短短几年里，马其顿变成了一个巨大的存在，开始直接介入希腊本部的事务。腓力的雄心是把所有希腊人联合在一起，最后征服波斯。而希腊诸城邦像从前一样，或者比从前更糟：一个城邦内部通常分成对立的两派或几派，相互攻讦，疏忽了建设；城邦之间则战事频仍，合纵连横永无宁日。日渐强盛的马其顿吸引了一些城邦，但让另一些城邦感到威胁。斯巴达一向是马其顿的死敌，雅典、底比斯等重要城邦也都有强大的反马其顿力量。在很长一段时间里，雅典扮演着反马其顿联盟的领导角色，著名演说家德摩斯梯尼年复一年向雅典人揭露腓力的野心，呼吁雅典人像希波战争时期那样肩负起对抗腓力的领导责任。持亲马其顿立场的代表是老政治家伊索克拉底，这一派乐见腓力统一希腊，同心勠力抵抗波斯。两派之中，反马其顿的立场大多时候占据上风。波斯现在也站在反马其顿的一方并时常给予雅典以资助。

反马其顿力量的努力没能够阻止马其顿势力的扩张。年复一年，腓力进行了多次战争，也施展了多种外交手段，征服、掌控并安定马其顿北方、西方和东方的游牧民族，并逐渐在希腊本部树立起自己的权威。他一直希望雅典会转变敌对态度，成为他的合作

希腊别传

伙伴，但收效甚微。公元前 339 年入冬，腓力率大军南下，背靠兵威寻求和议，但在德摩斯梯尼的鼓动下，雅典人拒绝了腓力的和谈建议。次年，底比斯-雅典联军在喀罗尼亚迎战腓力，希腊军败北。腓力年仅 18岁的儿子亚历山大也参加了这次战役，担任左翼指挥官。底比斯投降，雅典人则退回雅典，继续对抗。腓力几乎稳操胜券，但他仍希望和平解决，提出了宽厚的谈判条件。雅典人看到腓力并不像德摩斯梯尼一直宣扬的那样要毁灭雅典，于是接受了这些条件。接下来，腓力邀请希腊诸城邦参加一个大会，组建了"希腊联盟"，除了斯巴达，其他希腊城邦都加入了这个联盟。联盟保证成员城邦自由、独立，保持现有政体，禁止违反宪制改变政体或颠覆政府，维护城邦间的和平。各个城邦选举出"希腊议事会"，赋权仲裁城邦间事务，决定宣战与媾和，审判背盟城邦。议事会遵循多数决议的原则，决议对所有成员有效。至此，腓力无可争议地成为希腊世界的领袖。这一局面，无论当时还是后世都有截然不同的评断，赞美者乐见希腊的统一与和平，贬斥者看到的则是马其顿霸权的胜利和城邦真正独立的丧失。

希腊联盟和马其顿缔结永久的攻守同盟，对波斯宣战，并推举腓力全权指挥联盟军队。公元前336年，马其顿-希腊联军的先头部队渡过赫勒斯滂入侵亚洲。然而，腓力二世亲身率领的主力大军尚未出发，他就在为女儿举办的婚礼上遇刺身亡，时年46岁。

希腊别传

第十九章　亚历山大大帝的东征

像腓力二世这样集权力于一身的雄主一旦死亡，少不了对王位的争夺。腓力时年 20 岁的儿子亚历山大迅速制服了对手，他的支持者在欢呼声中把他选为马其顿国王。他安葬了父亲，处决了刺杀者和争夺王位的对手，稳固了马其顿的政权。

希腊不少城邦因腓力之死而欢欣鼓舞，树起反马其顿的旗帜。亚历山大立刻挥师南下。有些城邦欢迎他的到来，有些城邦不得已输诚。有些城邦则力图抵抗，但抵抗派来不及聚集足够的力量就被亚历山大迅速平定。亚历山大没有惩处敌对城邦，他召开了希腊联盟议事会，重申父亲腓力的愿景，号召所有希腊城邦联合起来，参与到反对波斯的共同事业之中来。在联盟会议上，诸城邦无论心甘或勉强，一致同意恢复马其顿的盟主地位。

亚历山大随后北还，击败趁他南下之机作乱的色雷斯等部族，把他的统治扩展到多瑙河下游。亚历山大展现出来的军事才能为他在军队和民众中赢得了巨大的威望。

亚历山大希望融合马其顿人和希腊人的信仰，但很多希腊人从来没有接受过这个理念，始终敌视马其顿和亚历山大本人。亚历山大在北部征战的时候，反马其顿派又一次蠢蠢欲动。底比斯人获得了波斯人的金钱和雅典德摩斯梯尼派的支持，杀掉了马其顿派驻在那里的两名军官，举起反旗。亚历山大再次挥师南下，联合那些敌视底比斯的希腊城邦围定底比斯城。他等待了三天，希望底比斯求和。但底比斯人不为所动。在随后的城邦保卫战中，底比斯人拼死一搏，无奈寡不敌众，终归失败。攻占底比斯城之后，希腊联盟议事会会议处置方案。底比斯曾起誓加入反波斯的希腊联盟，议事会据此把底比斯的反抗定性为对联盟的背叛，决议夷平底比斯城，劫后余生的底比斯人不得居留于希腊土地，妇女儿童则卖为奴隶。亚历山大握有最终决定权，他可以阻止这个决议的实施，但他没有。实际上，议事会本来就是顺着亚历山大的意旨做出这个决议的——他希望用这个残酷的样板来阻吓希腊的抗争力量。这是亚历山大做出的最严酷的决定之一。于是，这个历史极为悠久、近四十年来最为强大的城邦从此不复存在，只有神殿和品达的故居得到保护。

希腊第一次完成了某种形式的统一。现在，亚历山大可以着手实施他东征波斯的计划了。统一希腊、征服波斯是腓力二世的宏大愿景，亚历山大完全继承了父亲的遗志，父子之间无缝衔接。公元前334年，亚历山大以马其顿军队为核心，组织起一支大约4万人的大军，开始了东征大业。

两三代人之前，小居鲁士与其兄波斯国王阿尔塔薛西斯争夺王位，色诺芬和他的一万多名雇佣军战友曾随小居鲁士一直来到幼发拉底河和底格里斯河交汇口的巴比伦城，那是一支希腊部队第一次深入波斯腹地，并在与波斯王家军队的战斗中取胜。他们的传奇经历鼓舞了希腊人，不久后，当斯巴达与波斯反目，斯巴达人曾发动远征波斯的行动，未能成功。如今，亚历山大率领的大军浩浩荡荡穿过已经平服的色雷斯，越过赫勒斯滂海峡，进入亚洲。那一边，波斯军队严阵以待。马其顿联军渡河仰攻，冒了很大风险，亚历山大冲在前面，险些被敌手击杀，但最终胜出的是马其顿联军。此后，亚历山大攻下了波斯沿地中海的地区，驱逐该地区希腊城邦的僭主，代之以民主制政府，但他禁止民主派屠杀他们的寡头派政敌。很多城邦加入了希腊联盟。它们保持其独立城邦的身份，而移交给希腊将领统治的土著则需要向马其顿缴纳贡金，不过，新主人的统治要比波斯人更宽容一些。

下一年，大流士三世率领一支庞大的军队前来对战。像波斯历来的军队一样，这支军队由很多民族的人组成，不同的是，眼下这支大军的主力是希腊雇佣军。很多希腊人不是为金钱而来，他们痛恨马其顿强加到希腊人头上的霸权，这支军队因此拥有很强的战斗力。入冬之际，两支大军在安纳托利亚的东南角伊苏斯对阵，两位世上最强大的君王展开决战。波斯军队人数占优，且希腊战士格外英勇善战，这一边，马其顿联军纪律严明，亚历山大调度有方。像往常一样，亚历山大亲身参加战斗，腿部负伤。经过一天恶

希腊别传

战，波斯军最终溃败。大流士三世仅以身免，丢下了他的战车和母亲、妻子、儿女——波斯惯例，国王亲征时携带家眷——仓皇逃离战场。亚历山大以皇家礼节安置了大流士三世的家眷。

马其顿联军继续南下。伊苏斯大战之后，亚历山大威名远扬，从黎凡特到加沙的诸多腓尼基城池望风归降。只有推罗不肯俯首称臣，向亚历山大提出建议，承诺在波斯和马其顿联军之间保持中立。亚历山大不接受中立，进兵围城。推罗是一座名城，坐落在亚洲西海岸外一座岛屿上，城池坚固，并拥有强大的舰队控制海面。推罗人决意抵抗到底，他们拼死奋战，并且杀死所有抓到的希腊士兵。马其顿联军用了七个月的时间才攻破推罗，屠杀了很多推罗人，把残余的卖作奴隶。从此，这座名城消失了，变成了马其顿的一座军营。这是继底比斯之后，亚历山大对抵抗者的又一次严酷惩罚。

下一个不肯归顺的是加沙城。那里的守军和居民坚守了两个月，战至最后一人。攻克加沙以后，亚历山大进入埃及，镇守埃及的波斯总督不战而降。埃及自居鲁士大帝以来一直被波斯人统治着，其间埃及人发动过几次重大反叛，也曾夺回独立，但都没有持续很久。现在，亚历山大恢复了埃及人的宗教传统，每到一处都去祭拜埃及人的神明，由是，埃及人把亚历山大看作解放者，埃及祭司们则把他尊为法老。亚历山大在尼罗河西部入海口建立了亚历山大里亚，在整个东征过程中，希腊人建立过不少名为亚历山大里亚的城市，这一座是最著名的。后来到希腊化时期，这座城市极为繁荣，人口近百万，建造了当时最宏大的博物-图书馆，以及高逾百米的法罗斯岛灯塔，这座灯塔在辽远的海面上就可以望见，被誉为古代世界七大奇迹之一。

亚历山大没有在埃及停留很久，转过身来向波斯进军。公元前331年入冬，他率领军队渡过幼发拉底河，到达高加米拉，在这片平原上，两支各有五万多兵员的庞大军队面对面布阵。这一次，大流士三世动用了他所有最精锐的部队，只是没多少希腊士兵——伊苏斯大战以后，大多数希腊雇佣兵脱离了波斯军队，返回希腊，或四散别处。这是一场大流士三世对亚历山大的终极决战，双方拼死鏖战，数十平方公里的战场上烟尘蔽日。战局起伏不定，但马其顿方面的重装骑兵最终突破层层防线，逼近波斯中军，逼迫大流士三世再一次逃离战场。马其顿联军连夜掩杀波斯残军，缴获大量金银财宝。

这场决定性的战役大大削弱了波斯的实力，不少城池不战而降，亚历山大顺利进入波斯的首府之一苏萨。第二年，波斯另一个首府波斯波利斯也被攻占。波斯王室的巨大财富现在都落入马其顿之手。亚历山大本人则自号"亚洲之王"，俨然继承了波斯的王统。

曾是众王之王的大流士三世逃亡在帝国东北部的群山里，形容惨淡，众叛亲离。一位叛臣篡夺了他的王位。正在这个时候，马其顿的追兵找到这里。亚历山大下令把大流士三世的尸身运回首府，以皇家仪式安葬。

亚历山大花了不少精力忙碌于帝国的行政建设，另一方面，他仍然四处征战，扫荡波斯边陲地区的反抗和反叛。为此，亚历山大深入波斯周边的一些边远地区，在不少地方建立了要塞和新城。这些新城首先服务于军事功能，但它们也会成为贸易中心；它们既颂扬了征服者的荣耀，同时也扩大了希腊的影响。

大局稳定之后，公元前 327 年夏，亚历山大率海陆两军往征印度，翌年春渡过印度河。他在印度遭遇了顽强的抵抗。在历次战役中，亚历山大像他父亲腓力二世一样，身先士卒，多次负伤。在印度之战中，他本人再次身负重伤，但这没有打消他征服整个东方的雄心。然而，当亚历山大打算继续挺进恒河流域的时候，军队哗变了。他的老兵对他忠心耿耿，然而现在，他们终究有点不明白亚历山大为什么要不断迈向无穷无尽的东方。亚历山大出发东征之时，号召希腊人的旗帜是报复波斯人当年入侵希腊，解除波斯对希腊的威胁，这个目标现在早已达成。他们已经离开希腊故土征战了十年有余，他们已经征服了足够广袤的土地，获得了足够丰厚的财富，他们的战友已经死伤过半。亚历山大想方设法改变这些老兵的心意，终未成功，只得下令班师。回到苏萨以后，亚历山大致力于治理他新创建的帝国，同时筹划翌年进驻埃及，从那里出发去征服西北部非洲。

亚历山大东征，不光带着军队，还带着一批学者，他们每到一个新地方，考察当地的山川地貌、风土人情。他的"科考队"会去搜集遥远世界的奇花异草，搜集动物样本、矿石等寄回雅典，派人送回希腊，送给亚里士多德。亚里士多德有一个私人收藏室，被说成是世界上第一个博物馆或图书馆。亚里士多德和他的学生们研究这些物件，例如解剖那些来自遥远国度的动物。远征的动机里本来就混杂有对新异世界的知识好奇。把达尔文带到加拉帕戈斯群岛的"小猎犬"号（The Beagle）既是一艘战舰也是一艘科考船。拿破仑出征埃及，带了一个庞大的科学考察团，里面有很多各个行当当时最好的科学家，埃及远征失败了，埃及学却从那时候兴起了。

亚历山大的东征是世界史上最宏大的征服，他创造了一个规模空前的帝国，从希腊到多瑙河畔，从埃及到巴基斯坦。征服是古代帝王的自然倾向，跟我们现在所说的侵略不尽相同。帝王以荣耀为其政治生命，帝王的荣耀首先体现在统治广大的疆域。征服的动机也可能包括把文明或自以为的文明带向世界。传播希腊的生活理念和政治理念的确是亚历山大的心愿，有点儿像后世拿破仑发动对外战争的一个目的是传播法国大革命的自由民主平等的理念和制度。亚历山大希望看到一个统一的和平的世界，在这个世界里，人们既可以保持各自的宗教信仰，遵从各自的习俗，又可以分享和平统一带来的贸易和经济繁荣。

当然，文化的影响从来都是双向的，征服者必然会受到被征服者的影响。更何况，波斯可不是一片蛮夷之地，这片土地上产生的文明远比希腊悠久，而在波斯治下更臻于繁荣昌盛的高峰。亚历山大本人喜爱波斯的很多物事，他的政治理念也越来越转向文化融合。他娶波斯女人，在有些场合采用波斯的礼仪，并鼓励他的部下同样行事。他任用波斯贵族担任要职，他的军队也越来越多吸纳波斯和其他民族的青年，实际上，虽然指挥官仍然以马其顿人为主，外族兵员在人数上超过了马其顿联军的老兵。这些变化引发不少老部下的不满，在他们看来，亚历山大波斯化了，更像一个波斯君主而不是希腊伙伴中的领袖。实际上，在很多地方，亚历山大像东方君主一样被供奉为神明。他们信任亚历山大，可以为他们的共同事业付出性命，但他们不愿像波斯人那样去崇拜一个神明-君主。亚历山大曾一直珍视他的马其顿老伙伴，而现在，虽然他有时仍不惜降低身段向老兵们表白自己对马其顿的忠诚，但也会采用严厉手段处置有不忠行为或嫌疑的部下。亚历山大不复是当年的亚历山大。本

希腊别传

来，对待伙伴、部下以及被统治民众，他的举措大都合乎情理，即使对敌手，也少有哪项惩罚超出现实必要的限度，但据某些记载，他从印度回到波斯之后，变得越来越暴戾，酗酒无度，举止反复无常，时不时陷入疯狂状态。他还传檄希腊诸城邦，要求他们认可他是宙斯的后裔。

关于亚历山大的最后一两年，历史记载模糊不清。无论实情如何，天不假年，公元前 323 年夏天，亚历山大连续发烧数日，"他的战士们这时都渴望去看他，当他们在他身边鱼贯而过时，他已不能说话，但还能吃力地抬头，以目示意，向他们逐个表示欢迎。据随驾日记记载，他的伙友祈求神示，是否可以把他抬到神殿里向神祈祷，然后请神治疗。但神谕说不要把他抬到神殿里去，最好让他待在原处。伙友们公布这项神谕后，亚历山大不久就断了气"*。这时，亚历山大年仅 33 岁。十二年前，他出征东方，这十二年间，他没有回过希腊，但他创造了一个说希腊语的帝国——人类历史上第一次见到这样规模的帝

---

* 阿里安：《亚历山大远征记》，李活译，商务印书馆，1979 年，页289。

国。他造就了希腊最后的辉煌，一种另类辉煌。古往今来，没有另一个个人造就过如此神奇的功业。

第二十章　希腊化时代

　　亚历山大帝国是不可能长久维持的，没有适当的组织、历史和文化来支持这样一个巨大的新帝国，其统一完全系于亚历山大个人的威望与能力。但它的分裂来得比预料的更快。亚历山大刚刚去世，他旧日的部下群雄并起，为继承权发生火拼。尤为可叹的是，在几年的争权混战之中，亚历山大的全族都被杀害。亚历山大本人的灵柩则在运回马其顿途中被镇守埃及的托勒密截留，以隆重的仪式安葬在亚历山大里亚。从亚历山大去世到埃及托勒密王朝覆灭的三百年，史称希腊化时期。

　　巨大的亚历山大帝国昙花一现，分裂成了几个"继业者王国"。大致分布是：一、托勒密掌控的埃及。继业者王国中，托勒密王国一直比较稳定，也比较繁荣，传了两三百年，一直传到大家都很熟悉的埃及艳后克利奥帕特拉。二、卡山德所掌控的马其顿王国。卡山德是马其顿摄政安提巴特的长子，在其父去世后，夺取了马其顿的权柄。就是他断绝了亚历山大的血脉，随后自立为王。三、"老兵吕希马库斯"所掌控的色雷斯。四、马其顿军队里的一名低级军官塞琉古所掌控的波斯东部属地。五、"独眼"安提柯掌控的波斯西部属地。

最初，安提柯最强大，掌控的地域也最广大，从爱琴海一直到幼发拉底河。但不久，东边的塞琉古和西边的吕希马库斯两面夹击，消灭了安提柯，瓜分了他掌控的领地。安提柯之子德米特里乌斯仍然凶悍，东窜西攻，有一度甚至夺得马其顿，成为马其顿王。再往后，塞琉古击杀曾与他共同消灭安提柯的吕希马库斯，吞并色雷斯。混战结果，留下埃及王国、马其顿王国、塞琉古王国，即中国古籍里所称的"条支"。塞琉古王国的规模最大，统治西亚和中亚，但三十年后，原为东部地区总督的狄奥多特一世趁塞琉古王朝衰落无暇东顾，宣布独立，建立了希腊-巴克特里亚王国，即我们中国人所熟知的大夏国。几年后，公元前 247 年，波斯人摆脱希腊人统治，建立了帕提亚王国，即我们中国人所知的安息国。于是，塞琉古王国只剩下西边半个，即地中海东的地区，包括巴勒斯坦、叙利亚、安纳托利亚、两河流域。

这几个王国之间、它们与周边的部族之间，常常爆发战争。即使如此，在这些大王国的统治下，世界还是太平了不少。从前，从西西里岛旅行到乌兹别克不知道要经过多少王国、部族的地盘，不知要转换多少种语言，现在，大多数隔离被打通了，交通和贸易变得顺畅起来了，各族人当然仍说自己的语言，但有一种新式希腊语，Koine Greek，可供旅行人和商人通用。

希腊化王朝是由希腊人建立的，也是由希腊人统治的，官方语言是希腊语。各族群中的上层人士也开始学习希腊语，模仿希腊人的生活样式。塞琉古王国和埃及王国都鼓励希腊人前来移民，这些移民建立新城镇，继承城邦传统，享有一定程度的自治，有些城镇完整复制了希腊的城邦制度。他们在继业者王国的疆域里带来希腊的生活样式；希腊制式的体育场、剧场、神殿散布在广袤的亚洲土地上，直到现在的乌兹别克。彼得·索恩曼在《希腊化时代》这本小书里，特别讲述了考古队在阿姆河畔挖掘出的阿伊-哈努姆遗迹。[*] 经由希腊化王国，希腊文化传播到更远的地方。里海东岸出土一座安息国的宫殿，完全依照希腊风格建造，虽然希腊人从未踏足这里。在阿富汗出土的一块石碑上刻有两种文字，其中一种就是希腊文，记载的是印度孔雀王朝最著名的君主阿育王对佛教的倡导。佛教造像深受希腊影响，形成了著名的"犍陀罗"风格，后来佛教东传，把这一风格带到中国。当然，影响归影响，"希腊化"不是希腊。宫廷是希腊人主导的宫廷，但王国的官吏多数来自当地，更多用他们的传统方式管理民众，广大地区的人民仍然说着他们自己的语言，沿袭古老的方式生产和生活。普通民众在观念层面上的改变，主要来自宗教转变，"希腊化时代……是新宗教运动产生的时代……这一时期的每一种宗教几乎都从本土走向域外，流传开来"[**]。就此而言，希腊化时代是希腊-罗马古典精神到亚伯

---

[*] 彼得·索恩曼：《希腊化时代》，陈恒、李腊译，译林出版社，2022 年，页 81—86。

[**] 陈恒：《希腊化研究》，商务印书馆，2006 年，页 221—223。

拉罕宗教的过渡。

在希腊本土，希腊人还是生活在城邦里，即使在安提柯盛期，希腊本土大部分地区都仍然保留旧有的独立城邦形态。即使后来在罗马人治下，城邦形态还存续了一段时间。但城邦不复是当年的城邦，城邦失去了政治上的重要性，公民大会仍然定期举行，现在它处理的只是本地的日常事务，政治决策则来自哪个遥远的宫廷，普通人只能接受各种政治安排而不能再对这些安排有所影响。运气好的话，你得以安生劳作，运气不好，你就在兵荒马乱中挣扎，这样或那样，跟当事人的所想所事都没有关系。人不再活动在触手可及的共同体中，他生活在一个广袤无垠的世界里。在这样一个人莫知其边际的庞大"国家"里，个人不再能够连同自己的共同体来理解自己。

古典学家 E. R. 多兹认为，柏拉图可说是最后一个扎根于社会的希腊哲人，之后，哲人几乎无例外地游离于社会之外。柏拉图和亚里士多德建立了无所不包的体系，囊括个人、城邦及至宇宙星辰，希腊化时代的哲人则更加侧重于普通人的生活，尤其关注在这个纷乱无绪的世界上怎样保持个体心境的安宁。伊壁鸠鲁是一位原子论者，但对德谟克利特的原子学说做了一些修正以应对亚里士多德对原子论的批评。他中年时从萨摩斯岛来到雅典，在郊区置办了一处花园，讲学授业。不像智术师那样主要招揽野心勃勃的上层青年，他有教无类，学生中有女性，也有奴隶。他教诲的不是怎样利用自己的才智去建功立业，他教诲快乐——哦，不是声色犬马那些，差不多正相反，真正的快乐在于摆脱世俗争斗和肉身欲望无休止的迫求，以自制立身，与友谊为伴，达乎不动心的境界。

与伊壁鸠鲁差不多同时来到雅典的塞浦路斯人芝诺创建了斯多葛学派。这一学派汇集了很多哲学家，在逻辑学、自然哲学等诸多领域有所建树，但产生广泛影响的，则是他们的伦理态度。斯多葛哲人追随苏格拉底，奉德性为人生的唯一鹄的。内心的坚韧不拔和处世的严格律己构成斯多葛道德的核心。这一核心观念仍然保留在现代西语中 stoic 这个词之中。斯多葛人第一次把人视作"世界公民"。人不是君王的奴仆，也不是城邦的动物，个人面对的是整个世界，这个世界不是由君王统治的，而是由至善之神主宰的。暴君可以用枷锁锁缚我的身体，但他无法锁缚我的灵魂，

　　　　　　　　　　　　　　　　希腊别传

我内心的良知仍然可以自由地与神意交流。历史上有过很多著名的斯多葛人物，包括罗马皇帝奥勒留，直到今天，斯多葛精神仍为西方的很多高尚人士所尊崇。伊壁鸠鲁和斯多葛这两个学派风格迥异，但它们的目标都是摆脱焦虑和恐惧，求得心灵的宁静。在柏拉图和亚里士多德那里，德性在公共生活中成就自己，而在希腊化哲人那里，德性成为混乱无意义的世界之中的避风港，哲学成为一种慰藉。

文学艺术领域也能看到类似的转变。荷马史诗逐渐成为让人敬而远之的经典，人们更乐见描述日常生活或抒发个人感情的诗歌——不少诗歌出自女诗人之手。古典时代的戏剧，无论悲剧还是喜剧，其主题不离城邦、命运、伦理，而希腊化时代的戏剧，例如米南德的喜剧，多以情人间的欢爱和误解为题材。普通人取代卓越人物成为主角。雕塑和绘画也是这样，理想化的人转变成形形色色各具现世个性的人物，包括酒鬼和衰朽的老人——他们从来没有出现在古典时代的造型作品之中。从普及的视角看，文化更加繁荣了。学校变得更加普遍了，它们通常是由富裕阶层资助的。有些地方的学校不仅招收男孩子，也招收女孩子。识字的人比古典希腊时期更多了。伊壁鸠鲁来到雅典的时候，到处是朗朗诵书之声，到处有人在争辩哲学问题。现在，就像运动员逐渐成为专业运动员那样，剧作家、诗人、画家也更职业化了，发展出写作和绘画的更加精致的新技巧。创作题材更加多样，不同作家为不同的受众写作，有些为俗众写作，有些为宫廷和菁英阶层写作。

希腊化时代的哲学和文学艺术不像古典时代那么伟大，但这个时代的实证科学和正规学术获得了此前远不能及的成就。希腊化时期有好几处重要的学术-艺术中心，例如帕加马文荟苑——我称作"文荟苑"的，相当于"图书馆＋博物馆＋美术馆＋研究院＋其他"。每一个中心都集合了很多优异的学者，也培养出一代一代的优异学者。最为著名的当然非亚历山大里亚文荟苑莫属。前面说到，亚历山大在埃及地中海岸建起了一座新城，亚历山大里亚，在托勒密王朝时期，这里建起了一座规模最为巨大的文荟苑，搜集了世界各地的植物、动物、矿石，搜集了50万卷轴的"书籍"，当时找得到的文稿差不多应有尽有。各行各业的顶尖学者被吸引到这里，得到宫廷的资助。当时最重要的学者大多有在亚历山大里亚工作的经历。荷马史诗搜集得到的版本都收到一起，最好的文史学者集合一处校勘这些文本，分辨哪些可靠哪些不可靠，编定权威的荷马史诗版本，然后写下注释和评注。亚历山大里亚的版本失传了，我们现在见到的版本，最早的也是公元9世纪的，但有种种理由认为，所有这些版本都源自亚历山大里亚图书馆的母本。公元3世纪，罗马皇帝奥勒利安烧毁了这座伟大宝库的大部，一百多年后，剩余部分被基督教徒毁灭。

"鼎盛的古典"一章已经讲过几句希腊天文学。古代天文学要处理的首要问题是行星不规则的表观运动。早在亚里士多德的时代，人们就尝试在"两球理论"基础上构造"多层天球理论"来解决这个疑难。希腊化时期的天文学进一步发展。萨摩斯天文学家阿里斯塔克斯设想宇宙的中心是太阳而不是地球，表观的天球运动实际上来自地球绕中心轴的自转运动。阿里斯塔克斯的设想得到广泛讨论，但没有被普遍接受。天文学家并非坐在摇椅上玄想宇宙结构，他们观测星象，对所得的资料进行计算，根据计算结果来比较不同设想，对原先的模型做出修正。天文学在数理天文学的意义上成为一门科学。为了更准确地计算地球的大小，科学考察队前往不同纬度的地方去测量太阳的投影的长度和变化。他们获得了近代天文学之前最出色的一批结论。长期在亚历山大里亚工作的天文学家埃拉托色尼计算出了地球的周长，与现代测量的结果十分接近。另一位天文学家希帕恰斯对恒星做了系统观察，他编制的星表记录了850颗恒星的位置。他利用月球的视差计算了地球到月球的距离，其结果也与现代值十分接近。后世天文学家因希帕恰斯的一系列成就尊他为天文学之父。稍后，同样工作在亚历山大里亚的托勒密在其《天文学大成》中系统总结了前人的成就。这部巨著中的托勒密宇宙模型能够相当准确地符合行星的表观运动。后面的故事我们都知道，一千大几百年以后，哥白尼、伽利略、开普勒联手推翻了这个地心说理论。哥白尼的日心说首先要解释的，仍然是这些被称为"行星"的天体的不规则运动，而他的灵感来源之一恰是最早提出日心说的阿里斯塔克斯。

希腊化时代在力学、生理学等多个领域也都获得了巨大的进步，无法一一列论。只提一句阿基米德吧。

　　　　　　　　　　　　希腊别传

我们在初等物理学课堂上曾学过阿基米德发现的杠杆定理、浮力定理。他是一位杰出的数学家，计算出 π 的近似值在 223/71 和 220/70 之间。他同时也是一位天才的机械师。公元前 212 年，罗马人围攻西希腊最大的城邦叙拉古，阿基米德当时正在那里，制造了一批器械用于防守这座历史名城。叙拉古城最后沦陷了，罗马士兵冲进阿基米德家的时候，他正在沙盘上研究一个几何图形，他没有转过头，向背后伸开手臂说："不要动我的圆。"这个场景，这句话，也许最好地诠释了希腊人的求真精神。

最让人惊叹的是几何学的成就。前面讲到，希腊人的几何学是全新的，它引入了证明概念，从而把几何学造就为一门系统科学。埃及托勒密一世时代的欧几里得在其《几何原本》这部皇皇巨著中从五大公设开始，系统推衍出几何学的大量定理，数学公理化由此滥觞。一千九百年后，传教士把《几何原本》带到中国，徐光启等当时的有识之士，还有后来的康熙皇帝，都为之惊叹。

这些研究者当时多称为"数学家"，今天会称为学者或科学家。哲人的思想探究是单个人的探究，无论他探究什么，都跟个体的心智关怀直接相关。现在，问题被分门别类，划分出更加精细的学术研究的门类，实证的倾向加强了，与个人精神生活的联系减弱了。

这些转变与斯宾格勒所称"从文化到文明的转变"相应。城邦是一种地方性建制，城邦人知道自己的根扎在何处。人还保留着植物性，生长在 culture、泥土、耕种、培育之中。文明或 civilization，则与城市或 city 连在一起。文明集中在大都会里，这些具有普世意义的大都会吸纳了历史的全部内容。从前，地方性的城邦并不会因为它太小了而不重要，而现在，所有重要的事情都在几个大都会里发生，其他的"地方"都不具有历史意义，它们只是大都会文明因素的供养者。不少论者曾点出，无论从社会政治方面、文化艺术方面还是从人们的心态看，希腊化世界更像我们今天习以为常的世界模样，斯宾格勒的上述见地从一个角度道出了其中原委。

结　语

　　希腊化时期后一半的历史与罗马的崛起交织在一起。一个月前，时值黄昏，我驾车来到米利都遗迹，这曾是米利都人建造的剧场，现在看到的，是经罗马人改造而成的角斗场。两千五百年前，这座剧场脚下就是大海，现在须登上角斗场背靠的小山之顶才能望见远处一线海洋。

　　公元前 3 世纪，罗马与迦太基爆发了两次大战，第一次布匿战争和第二次布匿战争。西地中海最大的希腊城邦叙拉古历来与迦太基为敌，但在罗马威胁面前，她站到迦太基人一边。公元前 212 年，罗马人攻灭叙拉古，古代最伟大的物理学家阿基米德在破城后被杀。公元前 2 世纪初，罗马人在与马其顿王国的一场大战中取胜，"罗马元老院与人民"从此成为希腊本土事务的仲裁者。塞琉古王朝的安条克大帝与罗马争雄，公元前 190 年，罗马名将大西庇阿在马格尼西亚会战中重创塞琉古。二十二年后，马其顿国王珀尔修斯再次挑战罗马的权威，结果导致马其顿灭国。公元前 149 年，罗马发动第三次布匿战争，取胜后把名城迦太基夷为平地。公元前 146 年，科林斯和另一些伯罗奔尼撒城邦反抗罗马霸权，被罗马击败，罗马将军弗拉米尼努斯把科林斯夷为平地。二十年后，罗马把早已在她掌控之下的所有希腊属地都改成了行省，城邦制度正式告终。安纳托利亚一度从塞琉古王国独立出来，建立起本都王国，公元前 1 世纪初在米特里达梯六世治下臻于极盛，尽数屠戮境内的罗马人，希腊本土也起而响应，雅典亦在其中。苏拉率罗马军团前往镇压，于公元前 86 年攻破雅典并屠城。这座辉煌的城市遭遇了底比斯、科林斯同样悲惨的命运。塞琉古王国也曾经历一段复兴，但还是在公元前 1 世纪中叶亡于庞培之手。继业者王国里，托勒密王朝熬到最后。在罗马共和国末期的巨大内战中，庞培、恺撒、安东尼先后登陆埃及，后两位先后成为"埃及艳后"克利奥帕特拉的情人。然而，爱情没能够拯救埃

　　　　　　　　　　　　希腊别传

及，公元前 30 年，安东尼兵败屋大维，克利奥帕特拉与之双双自杀，了断了托勒密王朝近三个世纪的王统。希腊化时期结束，这本小书也随之收尾。

古希腊不再，但在精神层面上，它从没有消失。无论在希腊人曾经征服的土地上，还是在征服了希腊的罗马，"成为希腊人"演为风尚。伟大的罗马诗人贺拉斯写道："被俘虏的希腊征服了她那粗暴的征服者，为蛮荒的拉丁姆带去诸般艺术。"罗马和希腊合在一起被西方称作"古典时代"。在罗马帝国内部，一种来自底层的宗教，基督教，渐渐蔓延，一直渗入罗马皇帝的宫廷，最终成为罗马的国教。在很多方面，基督教精神与希腊-罗马精神正相对立，近代西方被视作耶路撒冷-雅典这两极的斗争、混合和统一。但基督教本身就涵容了重要的希腊因素。基督教的第一位传播者保罗处处碰壁，最后在希腊语地区收获了大批信众。福音书最初是用希腊语写成的，后来翻译成希伯来文。希腊精神与其他文化互相碰撞、融合，知或不知，也流传到我们身上。